BIBLIOTHÈQUE CONTEMPORAINE

ROGER DE BEAUVOIR

DUELS ET DUELLISTES

PARIS
MICHEL LÉVY FRÈRES, LIBRAIRES ÉDITEURS
RUE VIVIENNE, 2 BIS, ET BOULEVARD DES ITALIENS, 15
A LA LIBRAIRIE NOUVELLE
1864

DUELS ET DUELLISTES

CHEZ LES MÊMES ÉDITEURS

OUVRAGES

DE

ROGER DE BEAUVOIR

Format grand in-18.

LES MEILLEURS FRUITS DE MON PANIER...........	1 vol.
COLOMBES ET COULEUVRES................	—
LES ŒUFS DE PAQUES...................	1 —
LES MYSTÈRES DE L'ILE SAINT-LOUIS...........	1 —
AVENTURIÈRES ET COURTISANES..............	1 —
LE CABARET DES MORTS..................	1 —
LE CHEVALIER DE CHARNY................	1 —
LE CHEVALIER DE SAINT-GEORGES.............	1 —
HISTOIRES CAVALIÈRES..................	1 —
LA LESCOMBAT......................	1 —
MADEMOISELLE DE CHOISY................	1 —
LE MOULIN D'HEILLY...................	1 —
LE PAUVRE DIABLE....................	1 —
LES SOIRÉES DU LIDO..................	1 —
LES TROIS ROHAN....................	1 —

Coulommiers. — Typographie de A. MOUSSIN.

DUELS

ET

DUELLISTES

PAR

ROGER DE BEAUVOIR

PARIS
MICHEL LÉVY FRÈRES, LIBRAIRES ÉDITEURS
RUE VIVIENNE, 2 BIS, ET BOULEVARD DES ITALIENS, 15
A LA LIBRAIRIE NOUVELLE

1864
Tous droits réservés

Nous ne saurions mieux placer ces divers épisodes que sous le patronage d'un de nos plus chers amis, de l'un des plus érudits en cette matière, des plus conciliants à la fois et des plus fermes

A

LÉON GATAYES

LE PREMIER DES SECONDS

DUELS ET DUELLISTES

1

RICHELIEU

Damis et Richelieu. — L'alchimie. — La boîte de coton. — La duchesse de Bourgogne. — A la Bastille. — Mousquetaire. — La cicatrice. — Duc à dix-neuf ans. — La duchesse de Berry. — Premier duel avec Gacé. — Richelieu et sa femme. — Un mot du régent. — Quatre affaires. — Un coup de coude. — Le prince de Lixen. — Duel suivi de mort. — La haine d'une veuve. — Madame de Mirepoix. — Deux rivaux. — Mort de M. de Peuterieder.

I

Avoir résumé d'un coup tous les vices et toutes les splendeurs de son siècle, son esprit, ses grâces, sa valeur; avoir été à la fois négociateur, homme de cour, général d'armée; avoir plu à quinze ans à la jeune duchesse de Bourgogne, à quatre-vingt-quatre à madame de Rothe, la belle Irlandaise; s'être marié trois fois sous trois règnes différents; avoir obtenu tout, depuis les femmes jusqu'à l'Académie, depuis la Bastille jusqu'à Voltaire, s'être vu tour à tour loué ou calomnié à l'excès, fêté, décrié jusqu'à sa mort, — la mort d'un homme d'esprit, mort à temps sans avoir vu la révolution française! — ne sont-ce pas là les traits principaux de cette vie aussi merveilleuse que complète?

Le xviiie siècle, c'est Richelieu; il en est, encore plus que Lauzun sous Louis XIV, l'expression vive, alerte, multiple; il a passé par ses engouements et ses folies.

Avec un nommé Damis, par exemple, croira-t-on jamais qu'un pareil homme ait rêvé de faire de l'or, qu'il ait eu foi à l'alchimie autant qu'à l'amour, au point que ses ennemis fissent courir à Paris, pendant qu'il était à Vienne, le bruit absurde du sacrifice d'un être humain à la lune, sacrifice renouvelé des anciens mystères d'Hécate, et dont Richelieu se serait rendu coupable en compagnie de quelques seigneurs allemands?

Cette calomnie, aussi niaise qu'atroce, eut cours cependant; on la trouve consignée dans des mémoires du temps.

Ce fameux Damis avait prédit à Richelieu qu'il mourrait au mois de mars.

Dans sa jeunesse, il riait assez de la prédiction; dans l'âge mûr, il s'en ressouvint assez pour redouter le mois où sa fin était annoncée.

Quand il était écoulé, il se croyait certain de passer l'année entière.

En 1788, le maréchal n'avait plus assez de tête pour faire le même calcul, sans cela, il aurait vu sans crainte le mois d'août, qui fut celui de sa mort.

A défaut de charlatans, les fées, ces bonnes fées dont la baguette ne trace que des cercles heureux s'étaient penchées sur le berceau de l'enfant privilégié. Cependant il était né si faible, si grêle, si pâlot, qu'on l'enferma dans une boîte de coton !

Cette boîte, hélas ! n'était-ce pas celle de Pandore ? Le bien et le mal devaient en sortir ; cet homme, que Voltaire chanta cinquante ans, devait se signaler par les voies les plus extrêmes.

Il fut tenu sur les fonds baptismaux par le roi Louis XIV et la duchesse de Bourgogne.

Il porta d'abord le titre de duc de Fronsac.

On l'avait bien vite appelé à la cour *la petite Poupée*. A douze ans il venait d'être fiancé à une Noailles.

Étourdi comme un enfant, il allait lui-même au-devant des extravagances ; on crut qu'en le faisant habiter avec sa femme, il deviendrait plus sage, on se trompa. Notre petit duc prit sa belle-mère en haine, il goûta peu les morales du duc son père, et se contenta de dire qu'on l'avait marié sans le consulter.

Et puis madame la duchesse de Bourgogne était sa marraine !!!...

O Chérubin ! tu ne seras jamais que la copie du Fronsac d'alors !

Nous sommes de ceux qui n'accordent pas une entière confiance aux Mémoires, encore moins aux Mémoires envenimés comme ceux du duc de Saint-Simon, par exemple, écrivain de camarilla, de fiel et d'intrigues. Les témérités souvent heureuses d'un pareil style n'en rachètent pas le dénigrement continu. Saint-Simon, vis-à-vis des espiègleries de la petite duchesse de Bourgogne avec Richelieu, a l'air de croire à une liaison en règle ; or un commerce pareil avec un enfant répugne.

Allons, bel oiseau bleu, chantez la romance à madame !

Et voilà tout.

Ce qui n'empêcha pas qu'en 1711, le duc et la duchesse de Richelieu, profitant avec empressement de l'entremise de madame de Maintenon, leur alliée, n'aient fait mettre Richelieu à la Bastille !

Vilain séjour, direz-vous. Mais, non, à cette époque-là n'allait pas à la Bastille qui voulait !

Il fallait sortir de bonne souche et porter l'épée. Richelieu connaissait bien jeune la prison, il fit ses classes à sa manière avec un abbé du nom de Rémy ou Saint-Rémy, qui lui fit traduire Virgile ! Pendant cette réclusion, on voulait le raccommoder avec sa femme.

— Raccommodez-vous, monsieur le duc, ou soyez mousquetaire! Choisissez!

Le duc (il avait seize ans) préféra Mars à Vénus, et le voila parti pour la campagne de 1712.

La jeune duchesse était pourtant jolie, mais à cet homme que rien ne pouvait dompter, l'avenir ouvrait des routes trop vastes, et puis il était temps déjà pour Richelieu de quitter les boudoirs princiers.

Recommandé au maréchal de Villars, il fut à même de le voir opérer de près. « Jeune lion près d'un vieux renard, » disaient les troupes. Il fut blessé d'un éclat de pierre à Fribourg.

Cicatrice au front, glorieuse et belle! Le duc la garda toute sa vie; la poudre, cette neige si charmante, la couvrait à peine. C'était un écusson qui valait bien celui des Duplessis.

Louis XIV, avant de mourir, put embrasser encore une fois la jeunesse et la gloire dans leur printemps ; le père de Richelieu venait de mourir, le jeune duc de Fronsac prit son titre.

Être duc de Richelieu à dix-neuf ans!

Après Louis XIV, le régent, — on pressent déjà Voltaire. Comme Fronsac devenu Richelieu, Voltaire a quitté le nom d'Arouet, il publie le pamphlet de *J'ai vu!* satire outrée contre la régence (1). Voltaire rime, Richelieu s'amuse, il raconte déjà la Bastille à Voltaire et celui-ci s'y voit bientôt écroué pour les vers susdits.

Aux gentishommes d'épée et aux gentilshommes de lettres, cette prison, où du moins

(1) J'ai vu ces maux et je n'ai pas vingt ans!

il n'y avait pas de voleurs! Depuis, on sait comment on a traité les poëtes. Ceux qui font le vers trop osé sont mis avec ceux qui font le mouchoir.

II

Il fallait bien, ami lecteur, mettre quelques touches un peu vives à ce pastel effacé du jeune Richelieu pour que nous pussions aborder le chapitre de ses duels. Rassurez-vous, vous n'y perdrez rien.

Son premier duel, — celui pour lequel il fut mis une seconde fois à la Bastille, — fut un duel public avec le jeune marquis de Gacé.

Le marquis de Gacé était fils du maréchal de Matignon.

Quelle était la cause de la rencontre que le régent punit avec tant de sévérité?

Mademoiselle de Charolais avait trouvé moyen de pénétrer dans la royale prison; l'argent est la lime des verroux et des geôliers. Il n'y avait, du reste, aucun fait grave, les femmes sauvèrent le duc une seconde fois. Le voilà rendu aux amours faciles, à Dubois, au régent, aux petits soupers de la duchesse de Berry, sa fille.

« Ce bon régent, qui gâta tout en France! » Il devait déteindre sur Richelieu!

On a dit assez de mal de la fille du régent pour que les esprits élevés nous dispensent d'en dire. Nous aimons mieux rappeler que ce fut cette même duchesse de Berry qui intercéda elle-même pour Lagrange-Chancel, un pamphlétaire autrement tourné que Voltaire, un homme qui avait cloué le régent au pilori.

Ce seul trait rachète une jeune femme, une princesse morte à vingt-trois ans!

Richelieu avait perdu depuis longtemps sa femme, qu'il avait à peine connue, sa femme, à laquelle il pardonna. On sait l'aventure de l'écuyer surpris chez la duchesse par le mari. Le pardon est né grand seigneur, et puis Richelieu se consolait vite... et longtemps! L'époque des férocités et des représailles conjugales était passée, le duc de Guise, et son gantelet de fer n'étaient plus de mise.

— Mon Dieu, avait-il dit en entrant chez la duchesse, je vous conseille, madame, de chasser vos gens, pas un de ces coquins n'est à l'antichambre pour m'annoncer.

En 1732, quand il se remaria et épousa mademoiselle de Guise, le duc se trouvant à Versailles, à l'OEil-de-bœuf, reconnut l'écuyer en question, ce dernier osa le complimenter.

— Quoi, *déjà!* répondit le duc en tournant le dos au malencontreux complimenteur.

La Bastille était toujours là : elle guettait, pour la troisième fois, son prisonnier. La conspiration de Cellamare fut le motif, et cette fois, il faut l'avouer, il était grave. Procès criminel, trahison, pacte résolu avec l'étranger. Qu'eût dit le grand oncle, le cardinal, l'homme rouge ?

— J'ai de quoi faire couper quatre têtes à Richelieu, s'il en avait une bonne !

Mot du régent qui équivalait à une grâce ! Richelieu l'échappa belle : il fut exilé, chez son oncle le cardinal de Noailles, à Conflans.

Il n'est pas indifférent de remarquer ici le revers de la médaille pour ce nom de Richelieu : le cardinal poursuivit avec outrance les combats singuliers; son neveu s'en fit un jeu.

Outre ceux que les mémoires du temps

passent sous silence, il y en a quatre qui ont occupé dans la vie du maréchal une très-grande place.

Premièrement, celui de Gacé ;

Deuxièmement, son affaire avec Riperda ;

Troisièmement, son duel avec le prince de Lixen ;

Quatrièmement, enfin, celui qu'il eut avec Peuterieder.

III

Après son entrée solennelle à Vienne, un faisceau de magnificences inouï, le comte de Riperda, ambassadeur d'Espagne, — d'aucuns disent le baron de Riperda, — qui partageait la haine de sa cour contre la France, crut devoir prendre des airs de hauteur avec un jeune homme, novice encore dans les roueries diplomatiques. Il s'était arrogé la préséance : il pensa la conserver.

Ses instructions l'enhardissaient. Richelieu, dans un souper l'avait déjà traité de *faquin* devant quelques amis qui ne manquèrent pas de le lui redire. Il ne pouvait supporter le ton et les manières de Riperda ; il eut le soin d'éviter toute affaire de cour à cour, mais il en imagina une d'ambassadeur à ambassadeur. L'occasion ne tarda pas à s'en présenter. Un jour, le comte de Riperda voulut le devancer pour entrer chez l'empereur, il était encore sur l'escalier ; Richelieu, plus alerte, passe avant lui, et lui donne un coup de coude si vigoureux qu'il le fait tomber sur l'escalier. Il prit ensuite son rang.

Croyant avec raison que cette marche rétrograde de Riperda aurait des suites, il se rend le soir à l'hôtel de l'ambassade d'Espagne, Riperda fait dire qu'il était sorti. Le lendemain matin, Richelieu envoya savoir des nouvelles de sa santé, le valet de pied revint sans réponse. Enfin il rencontre l'ambassadeur, à qui il témoigne sa surprise de ne pas lui avoir fait donner de ses nouvelles après avoir envoyé chez lui et s'y être présenté lui-même, Riperda balbutie quelques mots et le quitte promptement.

— A présent, je suis tranquille, reprit le duc, il ne me contestera pas mon rang.

Et il haussa les épaules.

Quelque temps après, Riperda fut rappelé.

IV

Affaire de préséance, celle-là, — affaire d'un tour commode puisque Riperda avait fui, vu que sa cour l'avait retiré de la lice comme un taureau d'Espagne sans vigueur. Le duel de Richelieu avec le prince de Lixen, parent de sa nouvelle femme, devait être plus sanglant...

Le siége de Philisbourg s'avançait ; malgré les fatigues et les dangers, la joie régnait dans le camp.

Qui ne se souvient de ces campements délicieux de Wouwermans, imités chez nous avec tant de feu par un autre peintre, Lancret ? Les violons se donnaient dans la tranchée, les chants de nos grenadiers répondaient à ceux du prince Eugène qui commandait l'armée de l'empereur (1). Richelieu, en vrai chevalier français, envoyait cent bouteilles de vin de Champagne au général ennemi, qui lui donnait en échange vingt bouteilles de vin de Tokai.

(1) Il s'était lié avec la czarine pour empêcher l'élection et le couronnement de Stanislas, beau-père de Louis XV.

Cinq princes français donnaient alternativement à souper aux premiers officiers de l'armée.

Le prince de Lixen, parent de la duchesse de Richelieu et ami, depuis longtemps, du duc, était de toutes ses parties. Ils avaient joué, sous la régence, avec M. de Fimarcon et autres compagnons de débauche, une scène qui avait pensé être funeste à un chanoine de Saint-Germain-l'Auxerrois, le tout parce que ce dernier avait fait des vers sur leur conduite. L'usage était alors d'aller au cabaret, les princes en montraient l'exemple, leurs orgies avaient mérité la censure du chanoine. La vengeance fut résolue contre ce satiriste assez osé pour attaquer de si grands noms. Un beau soir, Fimarcon s'habille en commissaire, le prince de Conti en exempt, le prince de Lixen en confesseur, Richelieu et les autres en gardes. Cette troupe ainsi déguisée fait ouvrir, *au nom du roi,* la porte du pauvre abbé à peine endormi. Ainsi réveillé dans son premier sommeil, on le mène à l'Étoile, sur le chemin de Neuilly ; il était en chemise, il grelottait. Là, on lui annonce qu'il va mourir, et qu'il faut se confesser. Lixen l'écoute, et l'absout.

Alors on lui bande les yeux, on l'attache à un arbre et on lui tire deux coups de pistolet aux oreilles.

L'abbé se croit mort.

Les acteurs de cette scène disparaissent : le malheureux passe le reste de la nuit dans cet état. Des laitières de Neuilly l'aperçoivent au jour, le délivrent et le ramènent chez lui demi-mort.

Dans ces parties, le prince de Lixen avait conservé l'habitude de boire très-fort, il n'aimait pas alors qu'on le plaisantât. Il soupait presque toujours avec son parent Richelieu chez les princes, qui tenaient table pendant le siége; c'était le tour du prince de Conti, et tous deux s'y trouvaient. La joie fut générale, on rappela l'histoire du chanoine, puis chacun parla de ses maîtresses, et l'on plaisanta beaucoup le prince de Lixen sur une intrigue qu'on lui soupçonnait : le duc de Richelieu surtout s'amusa longtemps à ses dépens. Le prince prit mal la plaisanterie du duc, l'aigreur s'en mêla. Richelieu avait commandé le soir même un détachement ; il n'avait été libre qu'au moment de souper où il était arrivé chez le prince de Conti ; il avait transpiré beaucoup, et avait encore quelques traces de sueur au front. Le prince de Lixen, dont l'humeur augmentait, lui dit de s'essuyer, en ajoutant qu'il était étonnant qu'il ne fut pas entièrement *décrassé* après l'avoir été en entrant dans sa famille.

Richelieu, furieux, se modéra; il jura tout bas qu'il se décrasserait encore mieux, mais que ce serait dans son sang.

Le souper fini, il joint Lixen et lui donne un rendez-vous à la queue de la tranchée. Il était minuit; ils se battirent. Le prince fut tué sur la place.

MM. de Duras et de la Vallière, qui seuls s'étaient aperçus de leur disparition au souper, coururent pour les séparer, mais il n'était plus temps, le prince expirait...

On crut que son frère, le prince de Pont, qui s'exhalait en transports de colère, allait le venger; il se contenta d'enlever le corps de l'infortuné Lixen (1).

---

(1) La princesse sa femme parut inconsolable; elle jura une haine éternelle à Richelieu. Quelque temps après, elle épousa cependant le comte de Mirepoix, qu'elle aimait; mais son antipathie fut toujours la même à l'endroit du meurtrier de son premier époux. Elle était poussée au point que, deux ans après, étant à un bal à Monaco, elle se trouva mal pour

Une autre mort plus sensible au roi devait succéder à celle-ci. Le maréchal de Berwick, commandant le siége, fut tué d'un coup de canon. Une mort rivale de celle de Turenne. — Richelieu rapportait la cornette du duc, le crêpe au bras !

Pour en revenir au duel du prince de Lixen, il était incontestable que la race des Guise et la maison de Lorraine (d'origine carlovingienne), valait un peu mieux que celle des Richelieu (Vigneron Duplessis); mais toute vérité, à souper surtout, n'est pas bonne à dire.

avoir entendu prononcer son nom ; elle s'imagina qu'il arrivait, et chacun s'y fût trompé en voyant un des gens du duc qui semblait l'annoncer, mais qui venait voir seulement un de ceux du prince qui était son ami. Le duc de Richelieu voyant plusieurs années s'écouler sans que cette haine diminuât, ne put s'empêcher de dire : « Je ne comprends pas pourquoi elle m'en veut tant d'avoir tué son premier mari, sans cela elle n'aurait pas épousé M. de Mirepoix, dont elle était folle. A moins que le mariage ne l'ait guéri de son amour, je lui ai rendu service, elle doit m'avoir obligation. »

Richelieu vengeait, par ce seul coup d'épée, non-seulement lui, mais toute la petite noblesse du Poitou, cette pépinière de braves et de héros qui suivirent la fortune du roi Henri IV.

V

Son duel avec M. de Peuterieder, allemand distingué, eut d'autres motifs que celui du prince de Lixen : l'amour en fit tous les frais. M. de Peuterieder avait quitté Vienne pour passer à Paris quelques années, sa fortune, qui était considérable (1), le met-

---

(1) Celle de Richelieu était loin de l'être alors ; le luxe qu'il étalait le força plus d'une fois à recourir à des emprunts.

Voltaire, avec lequel il était lié, qu'il voyait souvent chez madame Duchâtelet, Voltaire, que le duc recevait chez lui et qu'il admettait dans sa petite maison avec ses maîtresses,

tait à même de satisfaire tous ses goûts et de voir la société la mieux choisie. Il avait entendu parler chez le prince de Conti de la beauté de madame de la Martelière. Son premier soin fut de chercher à la connaître ; il fut admis chez elle et en devint éperdument amoureux : soins, fêtes, cadeaux et galas, tout fut employé pour lui plaire. Richelieu, qui n'avait pas été très-content de lui dans son ambassade de Vienne, le vit de mauvais

était instruit de l'état de gêne où se trouvait Richelieu. Il vint un jour le trouver ; il lui dit qu'il lui donnait la préférence pour placer chez lui, en viager, 40,000 livres qu'il avait ; que sa santé était faible ; qu'il prévoyait dès lors qu'il en hériterait bientôt, et qu'il aimait mieux que ce fût lui qu'un autre qui en profitât. Richelieu, que le besoin d'argent pressait, n'hésite pas à prendre celui du poëte, en lui répondant qu'il ne désire pas sa mort, mais qu'il sent bien qu'il ne peut aller loin lui-même (sa santé se dérangeait), et que ce sont ses héritiers qui le paieront. On sait que Voltaire est mort à quatre-vingt-quatre ans, et l'autre à quatre-vingt-douze ans ; la rente viagère fut payée quarante-cinq ans au *bon ami Voltaire*, qui ne devait pas vivre et qui en prêtant son argent, *voulait en faire profiter le duc.*

œil; il n'était pas jaloux, mais l'Allemand donnait des preuves si publiques de sa passion, que cette conduite lui déplut. Madame de la Martelière, de son côté, était excédée des déclarations sans fin de M. de Peuterieder, et il fut décidé entre les amants que la financière fermerait sa porte à l'importun.

L'Allemand, avec le sang-froid d'un philosophe, essuie assez patiemment les premiers refus : quelques jours après, il apprend que M. de Richelieu a des droits sur cette belle ; il soupçonne que l'ordre vient de lui.

Il se présente de nouveau chez madame de la Martelière ; il est encore éconduit.

Ne pouvant croire à son absence et voulant s'en assurer, il quitte sa voiture au coin de la rue, et revient à pied se cacher dans une allée noire en face la maison d'où il est banni. La jalousie lui donne la patience d'attendre; il voit enfin arriver M. de Richelieu;

devant qui le suisse tire son bonnet, et qu'il introduit sans difficulté. La fureur s'empare de lui ; il veut punir son rival à sa sortie ; mais plusieurs heures s'écoulent sans le voir paraître ; la lassitude, l'ennui font retirer M. de Peuterieder.

Sa vengeance n'est que suspendue ; il projette la plus terrible des repressailles ; il tuera plutôt le duc à la porte de son ingrate maîtresse.

Le lendemain matin, en allant faire une visite au faubourg Saint-Germain, le carosse du duc de Richelieu et le sien se croisent sur le pont Royal. M. de Peuterieder n'est pas maître de son premier mouvement ; il fait signe à Richelieu d'arrêter ; ils se parlent, leur explication devient vive, et l'ordre est donné aux deux cochers d'aller sur-le-champ derrière les Invalides. Le combat ne fut pas long ; animés tous deux de la même fureur, ils firent coup pour coup. Le malheureux Peuterieder expira sur la place, en prononçant le nom de la Martelière, et Richelieu eut la poitrine percée de part en part.

VI

Il fut longtemps à être parfaitement guéri de cette blessure, qui se rouvrit une fois.

Du temps que nos pères portaient l'épée, on peut voir que les affaires n'étaient pas longues ; l'arme du gentilhomme vengeait son honneur séance tenante ; il n'était pas nécessaire, avant de se battre, de courir, trois jours durant, à la recherche de témoins. Les deux cochers de Richelieu et de Peuterieder en servirent à leurs maîtres dans cette occasion ; l'un ramenait un blessé, l'autre un mort; mais le tribunal d'honneur, que le maréchal présida plus tard, après avoir évoqué l'affaire, la mit au néant d'une voix commune.

Si Richelieu ne se fut montré habile que dans le grand duel de la guerre, où certes il cueillit assez de palmes, nous n'eussions pas encadré sa physionomie connue dans ces pages ; elle nous a semblé leur revenir de droit par son insouciance frondeuse et sa grâce chevaleresque. Un homme qui prenait Mahon avec des violons râclant des airs de la Courtille et donnait ainsi la musique aux ennemis, est, pour nous, le type le plus français et le plus gascon depuis Henri de Béarn ; il a l'énergie du comte de Saxe et la grâce du chevalier de Gramont. Il a commandé la maison du roi à Fontenoy sans quitter un instant le champ de bataille; il a vu trois règnes sans quitter jamais la cour.

Un seul trait pour compléter cet homme unique. Louis XVI le voit un jour à son jeu, et, lui rappelant les trois époques dont la dernière n'est pas encore fermée pour lui, il demande au vieux maréchal ce qu'il en pense.

— Sire, répondit Richelieu, sous Louis XIV on parlait peu; sous Louis XV on parlait bas; sous Votre Majesté l'on parle trop !

Après un tel mot, on aime à relire Tacite.

II

SAINT-FOIX

Grimm et Saint-Foix. — Les auteurs d'hier et ceux d'aujourd'hui. — Coups de crayons biographiques. — Le duel à la bavaroise. — Le déjeuner au premier sang. — Le duel au tricorne. — Deux bottes pour une. — Épitaphe.

I

A la bonne heure, au moins, voilà un auteur qui n'y va pas de main-morte ! Ecoutez Grimm, il vous en apprendra de belles sur l'auteur de l'*Oracle !*

« Saint-Foix déclarait l'autre jour au café,

qu'il couperait les oreilles à celui qui serait assez osé pour critiquer ses ouvrages. »

Dans ce temps-là il n'y avait guère que deux à trois journaux, *le Mercure* en tête; mais si l'irascible Saint-Foix eût vécu de nos jours, grand Dieu!

Il aurait percé d'outre en outre Jules Janin,

Coupé une oreille à l'impitoyable Darthenay,

Pourfendu Théophile Gautier,

Scalpé Méry,

Assassiné Paul de Saint-Victor!

Quant à Fiorentino, il lui eût fait prendre une bavaroise à la pointe de son épée!

Genus irascibile vatum!

Aujourd'hui les écrivains sont plus rassis!

Et puis nous avons la police correctionnelle!

Poulain de Saint-Foix (Germain-François), était né à Rennes en Bretagne, le 25 février 1699; il fit ses études au collége des Jésuites, et devint ensuite lieutenant de cavalerie dans le régiment de la Cornette-Blanche.

Né avec un caractère fougueux, notre héros sentit de bonne heure l'amour des lettres ; ses premiers pas le portèrent vers le théâtre. A vingt-trois ans, il donnait sa petite comédie de *Pandore* dont il n'a laissé qu'une analyse. Il faisait jouer en 1726, aux Italiens, sa *Veuve à la mode*. Il faut lui attribuer encore, à ce qu'il paraît, *le Contraste de l'Amour et de l'Hymen*, pièce au titre naïf dont le manuscrit ne s'est pas retrouvé.

Au premier bruit de guerre (1733), il suivit le maréchal de Broglie en Italie en qualité de son aide de camp. A la paix, il sollicita une compagnie, qu'il n'obtint pas, et, dans la crainte de subir de nouveaux refus, il quitta le service dès que les circonstances le lui permirent.

La réforme de son régiment lui fournit un prétexte honnête de se retirer; il acheta alors une charge de maître particulier des eaux et forêts, qu'il exerça durant quelques années; mais l'amour des lettres le ramena bientôt à Paris, le seul endroit où un homme de quelque valeur puisse se produire avec éclat.

Inquiet, ombrageux, tenace comme un Breton, Saint-Foix ne manqua pas de s'attirer bon nombre de querelles. Toutefois, en parcourant son histoire, on aura lieu d'être étonné qu'avec un esprit aussi difficile, il ait pu jouir paisiblement, pendant près de soixante ans de sa réputation (1). Cette âcreté ne l'empêcha même pas d'arriver aux places et aux pensions destinées aux gens de

(1) Saint-Foix est mort le 25 août 1776, à soixante-dix-huit ans, âge raisonnable, à coup sûr, pour un bretteur.

lettres. Ses ouvrages lui firent des protecteurs; mais son inflexibilité lui suscita des affaires, dont quelques-unes se terminèrent avec l'épée.

Son duel avec un garde du roi au sujet d'une bavaroise mérite ici d'en ouvrir la liste (1).

Ce garde du roi déjeunait d'habitude au café militaire, rue du Coq, où l'on pouvait lire dès lors l'inscription latine : *Hic virtus bellica gaudet*.

C'était un garçon de bonne mine, crevant de santé et faisant ses quatre repas par jour. Il avait la tournure leste et dégagée, fréquentait les tripots et les cafés, portait son tricorne de travers et faisait le beau parleur.

— C'est tout de même un fichu souper

---

(1) Saint-Foix s'est constamment défendu de cette anecdote, mais il avait ses raisons.

qu'une bavaroise! avait-il dit, en regardant Saint-Foix avaler sa tasse dans un coin.

Saint-Foix soupait, en effet, de cette façon-là tous les soirs et ne s'en trouvait pas plus mal.

Il avait d'abord haussé les épaules en entendant le garde du roi; celui-ci insista et répéta sa phrase jusqu'à trois fois. A la quatrième, Saint-Foix l'arrêta :

— Votre uniforme est bleu et argent, mon cher; celui des perroquets est jaune, vert et rouge, allez le prendre, il vous convient mieux.

Le lendemain, au rendez-vous pris à Vincennes, Saint-Foix arrive le premier; ses témoins étaient Sabatier et La Dixmerie, ses deux intimes. (1)

Dès le premier dégagement, Saint-Foix

---

(1) Les deux seuls hommes, dit un de ses contemporains, avec lesquels il ne se brouilla ni ne se battit.

perça le bras du garde du roi de part en part.

— Touché! dit celui-ci, mais continuons.

— Soit, répondit Saint-Foix.

Il fit une feinte et traversa l'épaule de son adversaire.

— C'est égal, dit celui-ci en tombant, c'est toujours un fichu souper qu'une bavaroise, monsieur Saint-Foix!

Un duel moins connu de notre héros est celui qu'un spirituel chroniqueur (1) raconte en disant le tenir d'un professeur d'escrime de l'une de nos grandes villes de l'Ouest, dont, par modestie sans doute, il veut bien se dire en passant le plus mauvais élève.

Un croquant se présente un jour rue des Fossés, chez Saint-Foix, et demande à une vieille figure qui apparaît au rez-de-chaus-

---

(1) M. Adolphe Boucher.

sée, si M. Poulain de Saint-Foix est chez lui.

— Bien certainement, lui fut-il répondu, M. de Saint-Foix est chez lui, mais il déjeune, et...

Notre homme monta vivement l'escalier en pierre, et fut sonner à une porte du premier étage. On ne répondit pas. Au deuxième coup de sonnette, à travers les ouvertures de la porte, il entendit ces mots, venant d'assez loin :

— Au nom de Dieu, allez-vous en!

Au troisième coup, la même voix cria plus haut :

— Eh bien, entrez! au nom du diable!

Notre homme entra.

Après avoir traversé une grande pièce servant d'antichambre et un petit salon, il parvint dans une salle à manger où deux hommes, assis devant une table confortablement servie, déjeunaient tranquillement pendant qu'un troisième écrivait sur une assiette qui reposait sur ses genoux. L'homme qui écrivait était Saint-Foix lui-même, les deux autres, ses amis, La Dixmerie et Sabatier.

— Que voulez-vous? demanda brusquement Saint-Foix à l'arrivant, et avec un geste d'impatience qui fit tomber sur le plancher, où il se brisa, le fragile pupitre du célèbre duelliste.

— Monsieur, lui fut-il répondu avec un admirable et imperturbable sang-froid, je viens déjeuner avec vous.

— Bah! et qui diable êtes-vous donc?

— Je suis le capitaine Gédéon Croquard!

Et le capitaine Gédéon Croquard (nous savons son nom maintenant) prit un siége et s'assit tranquillement devant la table, en homme sûr qu'on lui donnerait une place, mais en tout cas bien déterminé à la prendre.

— Désolé, mon cher capitaine, de ne pas avoir l'honneur de vous connaître...

— Monsieur de Saint-Foix, c'est pour moi que serait l'honneur ! Aussi, tout en déjeunant avec vous, si vous voulez bien le permettre (et le capitaine Croquard prenait un couvert) je vous raconterai mon histoire qui est vraiment curieuse. — (Ici le capitaine se servit un honnête morceau de paté). — Vous saurez...

Saint-Foix arrêta le bras du capitaine à l'instant où celui-ci portait le premier morceau à sa bouche.

— Maintenant, capitaine, dit Saint-Foix d'une voix calme, je crois que je vous reconnais. Vous êtes le plus fort tireur de l'académie d'armes de Bois-Robert : vous avez tué deux des prévôts de Berthellot; vous vous êtes fait la terreur des cabarets où vous vivez fort joyeusement sans dépenser un liard. Il y a quelques cinq à six jours, vous avez parié que la première fois que vous ne sauriez où trouver à déjeuner, ce serait à ma table que vous viendriez prendre place, et cela bon gré mal gré. Il paraît que vous voulez gagner ce matin votre pari !...

— Parfaitement narré, monsieur de Saint-Foix ! Mais vous êtes un auteur, et un auteur si célèbre...

— Eh bien, capitaine, j'aime une bonne plaisanterie autant que qui que ce soit ; vous déjeunerez donc avec moi.

— Vous êtes charmant, ou le diable m'emporte !...

— Attendez ! vous comprenez bien que la première fois que deux gaillards comme vous et moi se rencontrent, ils doivent tenir de plus nobles fourchettes que celles que vous avez là : voici notre affaire.

Ce disant, Saint-Foix tirait d'une armoire deux épées de combat et en offrait une au capitaine Croquard. Celui-ci se leva, salua, prit l'arme, tout en disant négligemment qu'il aimerait mieux ne se servir de la susdite fourchette que lorsqu'il aurait joué à son aise de celle qu'il quittait; — mais qu'après tout, il était à la disposition de son aimable amphitryon.

— Eh bien, capitaine, fit Saint-Foix après avoir réflechi un instant, mon déjeuner se compose, comme vous le voyez, d'un pâté du Puits-Certain, d'une volaille froide du Mans et d'un dessert. Nous jouerons, s'il vous plaît, le pâté et la volaille au premier sang. Quant au dessert...

— Eh bien, monsieur de Saint-Foix?

— Ma foi! il n'y en a pas assez pour quatre personnes; il faut qu'un seul de nous deux y goûte. Vous comprenez?

— Parfaitement.

— Alors jouons le pâté !...

Et malgré les représentations de Sabatier et de La Dixmerie, ce duel bizarre commença.

Le capitaine Croquard eut le bras gauche piqué, il n'en mangea pas avec moins d'appétit sa part du pâté.

— Jouons la volaille, maintenant !

— C'est dit, jouons la volaille.

Ce fut Saint-Foix qui fut alors blessé, mais légèrement, à la cuisse.

— Heureusement, s'écria-t-il en reprenant sa place à table, que cela ne m'empêche pas de découper !

— A votre santé, capitaine !

— A la vôtre, monsieur de Saint-Foix !

— Passons-nous au dessert, capitaine ?

— Passons-y, monsieur de Saint-Foix.

— Mais je fais une réflexion, capitaine.

— Ah! voyons monsieur de Saint-Foix.

— Eh bien, si vous le voulez, tous les coups qui ne seront point portés en pleine poitrine ne compteront pas.

— C'est dit!...

Et les deux bretteurs se remirent en garde, malgré les nouvelles remontrances et les supplications inutiles des deux témoins.

Après trois minutes d'attaques et de ripostes qui se succédèrent avec plus de calme que s'il se fût agi d'un simple assaut, le capitaine Croquard, venu trop tard à la parade, rompit vivement dans les armes, et par ce mouvement se heurta du dos à la muraille. Or, Saint-Foix, qui s'était fendu à fond, glissa de l'avant, et, emporté par l'impulsion, vint tomber l'épée toujours droite, sur le capitaine hors de garde, qui eut le ventre crevé d'outre en outre. Après avoir chancelé un instant, Gédéon Croquard tomba de toute sa hauteur en disant d'une voix étouffée:

— C'est un coup qui ne compte pas!

Le capitaine n'en mourut pas moins dans la soirée et fut enterré aux frais de Saint-Foix.

II

Le duel au tricorne eut un dénoûment moins triste.

Un cadet de Gascogne s'étant trouvé sur le passage de notre héros à la Comédie italienne, certain soir qu'on venait de siffler une de ses pièces, se vit apostrophé par lui si durement qu'il fallut prendre rendez-vous. On choisit le pistolet.

En ce temps-là, voici comme un écrivain

original (1) s'exprimait au sujet du pistolet, importation britannique qui avait peine à s'acclimater chez nous :

« On ne rougit pas de se battre au pistolet, arme favorite des Nivet et des Cartouche, qui n'admet que le sang-froid de l'assassin et la cruelle intrépidité d'une main meurtrière ; c'est une démence frénétique opposée au vrai courage ; laissons aux abominations de la guerre cette arme violente et perfide ! *Qu'on s'accorde à déshonorer celui qui s'en servira* au sein de sa patrie et dans nos foyers domestiques ! »

Saint-Foix avait prévu cette page de Mercier ; il détestait le pistolet, qu'il nommait une arme de *laquais* et de *voleur*.

Arrivé devant son adversaire, il fut très-surpris de le voir nanti d'un véritable arse-

---

(1) Mercier, *Tableau de Paris*, page 382, tome premier.

nal de pistolets de toute grandeur et de tout calibre, il n'avait que l'embarras du choix.

Les deux témoins du cadet se promenaient, sans souffler mot, de long en large.

Saint-Foix causait gaiement avec les siens, quand l'un d'eux s'écria en l'envisageant :

— Pardieu, mon cher Saint-Foix, vous avez un chapeau neuf!

D'habitude, Saint-Foix faisait durer ses tricornes deux à trois ans, c'était donc un prodige pour ses intimes que ce couvre-chef, acheté si fraîchement, brossé, lustré, admirable.

Le tricorne du cadet était loin de valoir celui de Saint-Foix; il était aussi déformé qu'un chapeau de casseur d'assiettes.

On prit la distance, on examina les armes. Les quatre témoins riaient sous cape.

L'un d'eux, celui du cadet, s'avança vers Saint-Foix.

— Vous êtes un brave à trois poils, lui dit-il, nous vous connaissons depuis longtemps. Nous serions désolés qu'il arrivât malheur à ce jeune homme; il ne connaît rien aux armes, pas plus à l'épée qu'au pistolet, arrangeons l'affaire.

— Soit, dit Saint-Foix, mais dépêchons.

— Voici la chose, ajouta le témoin, en réprimant une folle envie de rire, il faut que l'un de vous deux rentre blessé à Paris, il faut qu'on le voie, qu'il puisse montrer même au besoin, la balle qu'il a reçue.

— Permettez, dit Saint-Foix...

— Oh! soyez tranquille, je vais aligner les deux adversaires. Attention!

Et, sans plus attendre, l'officieux témoin ôta soudain le tricorne de Saint-Foix, il en fit autant à son client le jeune cadet, puis il plaça chaque couvre-chef sur une canne plantée dans l'herbe, à vingt-cinq pas l'un de l'autre...S'adressant alors aux adversaires :

— Le sort va décider de celui qui tirera, s'écria-t-il.

— Quoi! sur ce chapeau ? dit le cadet.

— Mon tricorne est neuf! criait Saint-Foix.

Les témoins n'en tinrent compte; ils jetèrent un écu en l'air, le sort favorisa le jeune cadet.

Il ajusta le tricorne de Saint-Foix et y logea une balle.

Un coup de hasard.

— Bon! cela me servira de cocarde, dit Saint-Foix.

Le soir, il se promenait avec ce tricorne troué, chacun l'interrogeait, et lui de répondre :

— C'est une balle du petit X... Ah! je l'ai échappé belle!

De son côté, le jeune cadet était loin de démentir Saint-Foix en racontant comment les choses s'étaient passées.

Cette histoire fit sa fortune. Il devint la terreur des duellistes.

Saint-Foix ne pouvait réussir à faire battre avec lui un critique fameux qui l'avait insulté dans sa feuille.

— Écoutez donc, lui disait Sabatier, le gaillard n'a peut-être pas si grand tort, il prétend que vous avez une *botte secrète*.

— Hélas ! reprit Saint-Foix, que le belître condescende seulement à me faire habiller et sortir chaque matin, il verra que j'ai deux bottes à son service !

Quand Saint-Foix mourut, un plaisant écrivit à la craie sur la porte du foyer, à la Comédie française :

Ici l'on ne se bat plus ! (1)

---

(1) Le foyer de la Comédie italienne et celui de la Comédie française étaient alors en effet très-belligérants. A l'heure qu'il est Agamemnon y joue paisiblement aux échecs, et le bouillant Achille y parle de primes et reports. *O tempora !*

III

LACLOS

Un premier duel. — Le duel à la carotte. — Laclos, homme politique.

Parlons maintenant d'un homme qui occupa, dans l'histoire des lettres comme dans celle de la révolution de 89, une place assez importante, d'un homme né sous un signe funeste, qui fit à la fois de la conspiration et du roman, et ne laissa guère que la trace d'un météore, — du chevalier de Laclos enfin, — l'auteur des *Liaisons dangereuses* et de la propagande la plus fameuse en faveur de Philippe Égalité. Par son caractère, ses relations, ses écrits, Laclos rentre tout à fait dans notre cadre; on verra avec quels ennemis et quelles idées il combattit chaque jour, dans quelle société de duellistes il vécut et s'éteignit.

Le chevalier Chauderlos-Laclos passa d'abord onze années dans le service militaire; ce n'est qu'en 89 qu'il devint secrétaire du duc d'Orléans et confident intime de ce prince.

Avant de le suivre sur ce terrain où le pied lui glissa souvent, nous devons parler de quelques aventures de sa jeunesse; — il fut lié avec Rivarol, avec Lamorlière et le chevalier de Saint-Georges.

Auteur et duelliste, cela marchait alors de pair; on avait querelle avec le parterre ou dans la rue.

De bonne heure, il s'était montré peu endurant.

Ainsi, au collége où il avait été élevé, un maître d'études, sorte de géant, lui ayant semblé par trop brutal dans ses leçons, Laclos, encore enfant, s'en fut prendre un banc et monta dessus pour se mettre au niveau de ce Goliath auquel il donna un grand soufflet.

Plus tard, et quand il fit l'*Épître à Margot* (il était alors très-jeune), un soi-disant parent de la Du Barry ayant pris fait et cause pour cette dernière, on convint d'un rendez-vous où le marquis de Bièvre, qui servait déjà dans la première compagnie des mousquetaires, devait être *second* de Laclos.

Le caractère gai et plein de droiture de Bièvre lui avait fait seul accepter cette mission ; il ne connaissait pas encore la Raucourt ni la belle madame Saint-Janvier, mais il n'en était pas moins sensible aux attraits du sexe. Aussi ne s'échappa-t-il de bon matin qu'en maugréant par une petite porte de l'hôtel de Sophie Arnould, qui avait pour lui quelques bontés.

Il sonne chez Laclos, le réveille, et l'emballe dans une voiture.

— A Saint-Mandé! crie ce dernier au cocher.

L'automédon arrive devant un petit bois attenant à un château.

Sur la lisière est un fourgon, et dans ce fourgon une cargaison entière de plats, de viandes froides, de bouteilles... Deux grands drôles en riche livrée s'occupent à décharger tout cela; ils étalent une nappe sur le gazon, — bref tout l'attirail d'un vrai déjeuner de chasse.

— Ce serait piquant si on nous invitait, dit de Bièvre à son ami... je me sens une faim... mais une faim ! et toi ?

— Moi, j'attends ici mon adversaire. Un petit jeune homme fluet, mais qui en somme m'a paru très-décidé. Quelque créature de la Du Barry, sans doute. Son nom est Saint-Maur.

— Bon ! et il nous envoie à Saint-Mandé ! reprit de Bièvre en riant. Il ne viendra pas, c'est un gascon.

— Tu crois ?

— J'en suis sûr...

— Que faire ?

— Si tu m'en croyais, nous nous ferions inviter à cette collation sur l'herbe.

— Y songes-tu ?

— Certainement ; on ne peut savoir le

motif qui nous amène, je gage qu'il y a quelqu'un au château qui nous connaît.

De Bièvre tira sa montre, et il ajouta :

— Tu le vois, d'ailleurs, l'heure est passée.

— Ma foi, dit Laclos, tu as raison. Voilà une aventure dont le dénoûment sera plus joyeux dans tous les cas.

De Bièvre laissa les épées dans la voiture et s'achemina vers le château.

C'était un fort beau dessin pour un peintre ; des bosquets ornés de statues se présentaient admirablement sur les côtés, le parterre avait un bassin avec un bouillon formant une nappe. A gauche, il y avait une volière.

Près de cette volière, une jeune fille, en chapeau de paille, jetait de la graine à ses oiseaux favoris.

— L'aimable enfant! s'écrièrent les deux amis d'un commun accord.

Elle s'avança résolûment vers eux et leur demanda ce qu'ils cherchaient.

Laclos fut troublé, il ne trouva que ce mot :

— M. de Saint-Maur.

— C'est mon frère, dit-elle ; je m'en vais le prévenir.

— Nous voilà bien tombés, reprit de Bièvre. Il fallait te taire, que diable !

La jeune fille s'était dérobée aux deux visiteurs, non sans réprimer un léger sourire... Elle disparut après avoir gravi les marches du perron.

L'émotion de Laclos avait un secret motif ; il avait cru reconnaître en cette jeune personne certains traits de ressemblance avec son adversaire de la veille. Il ne fit pas part de sa remarque à de Bièvre.

Celui-ci ne perdait pas de vue les allées et venues des marmitons ; il y avait fête évidemment au château, à voir ces airs empressés.

Au bout d'une demi-heure, un domestique de bonne mine vint dire à Laclos que M. de Saint-Maur l'attendait derrière les murs de l'orangerie.

En y arrivant, Laclos fut surpris de trouver son adversaire seul et sans armes. Son feutre était rabattu sur ses yeux, à son bras gauche il avait son manteau, à sa main droite un petit coffret de velours bleu.

— Chevalier, dit-il, je vous ai provoqué, c'est bien moi. Vous avez sans doute vos armes ? Pardonnez-moi seulement d'avoir changé le lieu du rendez-vous. C'est un retour de chasse, une collation que me donnent quelques amis, et madame Du Barry doit y paraître.

— Madame Du Barry ! Mais c'est une trahison !

Il ajouta, en observant son adversaire :

— Voudrait-on me faire arrêter ?

— Pas le moins du monde, lui fut-il répondu ; la preuve, c'est que votre témoin va chercher vos armes.

De Bièvre laissa Laclos avec son singulier adversaire.

— Monsieur, dit Laclos en s'adressant au jeune homme, vous avez une sœur charmante.

— Vous trouvez ?

— Je n'ai fait que l'entrevoir ; elle a avec vous un tel air de ressemblance...

Pour toute réponse, le jeune combattant jeta loin son feutre, et laissa voir au chevalier une figure mutine et des dents d'une merveilleuse beauté. L'inconnu avait au plus seize ans ; il entrait à peine dans la vie et semblait déjà l'aspirer par tous les pores. Son équipement accusait toutes les grâces de la femme ; il portait un frac d'homme à grandes almarges d'argent sur un fond de couleur paille. Ses yeux émerillonnés, ardents, avaient l'air de défier Laclos...

Il en avait fait la rencontre sous le péristyle même de la Comédie, à la sortie du spectacle. Ce défenseur nouveau de la Du Barry était certes fait pour l'intriguer.

L'examen que lui fit subir le chevalier ne fut pas long; il tomba à ses genoux en poussant ce seul cri :

— Mademoiselle !

— Eh bien oui, reprit celle-ci, je suis une femme! Aussi, chevalier, est-ce par esprit de corps que je les défends. Je n'ai jamais vu madame Du Barry, c'est là ce qu'il y a de plus étrange, n'est-ce pas? Mais je sais qu'elle doit passer ici et s'arrêter quelques instants au château de ma tante, la baronne de Blancart. Or, pour que vous le sachiez, j'ai plus besoin que vous de sa clémence.

— Comment cela ?

— Sans doute... Mon cousin, en véritable étourdi, a encouru sa disgrâce... Une intrigue de cour... Ce serait trop long à vous conter... Je me bats avec vous son détracteur, c'est superbe !

— La bonne folie !

— Du tout, car vous me blessez.

— Par exemple ! n'y comptez pas.

— J'y compte, au contraire. Mon bras en écharpe, je me présente à la portière du carrosse de madame Du Barry... J'obtiens la grâce de mon cousin...

— Et moi, la Bastille !

— Non pas, nous vous garderons l'incognito. Vous assisterez à notre collation sur l'herbe si bon vous semble, ou vous vous cacherez tout auprès, dans un kiosque commode, pour observer... dès que la voiture de la Du Barry paraîtra...

— Vous me faites jouer un rôle !

— Périlleux, c'est vrai ; mais je ne veux être blessée que de votre main, c'est mon plan. Allons vite, dégaînons, voilà votre ami qui revient !

De Bièvre, en effet, apparut avec les épées.

Il poussa un cri d'admiration en voyant notre héroïne. — Ses cheveux débouclés ne la trahissaient que trop.

— En garde ! dit-elle à Laclos.

— Eh bien, soit, répondit-il.

Et il eut soin de ne pas présenter son bras à l'effacement. Il reçut le coup en riant.

— Cela ne vaut-il pas mieux, ma belle amie ? reprit-il en pansant son bras, vous direz à la Du Barry que vous avez blessé Laclos.

. . . .

Une heure après, sur cette même pelouse émaillée de flacons, de fleurs, de cristaux et de verres de toutes sortes, Laclos, le bras en écharpe, festoyait gaiement en compagnie de Bièvre et d'une foule de piquants convives. On plaisantait beaucoup le chevalier sur sa blessure, tous voulaient savoir le nom du mystérieux agresseur. Les femmes, — et il s'en trouvait quelques-unes, — étaient charmantes d'entrain, les hommes faisaient tous la cour à mademoiselle Agathe de Saint-Maur, qui éclairait ce banquet de sa seule présence. Elle était connue pour s'habiller parfois en homme, comme ce curieux abbé de Choisy dont nous avons écrit l'histoire. Son cousin était un M. de Servan, qui brodait au tambour comme tous les colonels d'alors, elle l'aimait à la folie. Laclos regardait cette amazone avec des yeux pleins de flamme ; il avait oublié madame Du Barry et sa prochaine arrivée. Le roulement lointain d'un équipage l'arracha pourtant à cette muette contemplation.

— Vite ! vite, cachez-vous, lui dit à l'oreille mademoiselle de Saint-Maur ; ouvrez ce kiosque, dont voici la clef... notre ennemie arrive au galop !

Le chevalier ne se le fit pas dire deux fois. Il récapitulait d'un coup dans son esprit tous les emprisonnements que subissaient alors de jeunes fous moins coupables que lui, puisqu'ils n'avaient pas écrit l'*Épître à Margot*.

Cependant la voiture à panneaux de porcelaine de la Du Barry miroitait au soleil ; elle arrêta à la lisière du petit bois.

Mademoiselle de Saint-Maur ôta son léger tricorne à ganses d'argent, s'approcha de la voiture, et soutenue au bras de sa tante, la baronne de Blancart, osa présenter une lettre à la favorite. Cette lettre, habilement combinée et qu'elle venait d'écrire à la minute, demandait deux grâces, celle du jeune de Servan et de Laclos. A ce dernier nom la comtesse pâlit.

Mademoiselle de Saint-Maur expliqua à la favorite que Laclos l'ayant blessée, c'était le moins qu'elle lui présentât son adversaire.

— Après tout, madame, l'honneur est sauf et je vous ai vengée!

Honteux et confus, Laclos sortit du kiosque, il avait tout entendu. Mais comme les poëtes et les romanciers ont toujours l'esprit de se rattraper, Laclos avait eu le temps d'écrire ces quatre vers sur son carnet :

> Vous, dont Paris chérit l'empire,
> Soyez peu sévère en ce jour,
> Gardez les flèches de l'amour
> Contre celles de la satire.

Et c'est ainsi qu'avec un quatrain médiocre on évitait alors la Bastille !

I

Laclos fit plus tard *Ernestine*, comédie en trois actes, mêlée d'ariettes, qu'il donna à la Comédie italienne. La musique était de Saint-Georges, elle parut médiocre. C'est à la première représentation de cet ouvrage qu'eut lieu une scène de duel assez plaisante.

Lamorlière se tenait à demi renversé, selon sa coutume, au balcon de la Comédie, toisant les actrices, se mouchant, toussant et bâillant surtout avec fracas. Comme il arrivait alors de province, il n'avait pas trop consulté l'affiche et ne savait pas que la pièce fût de Saint-Georges et Laclos. Il y avait en scène une actrice dont Lamorlière avait brigué les faveurs inutilement.

A son second morceau, elle fut très-applaudie ; elle jouait le premier rôle, et Laclos avait non moins d'amis que Saint-Georges.

Lamorlière, qui ne pouvait souffrir cette chanteuse, se contentait de bâiller... mais de bâiller à se détendre la mâchoire...

Un petit provincial, placé près de lui au balcon, ennuyé de ce manége, résolut d'y mettre un terme, d'autant que les façons écrasantes de Lamorlière l'importunaient.

Il sort un instant et revient bientôt s'asseoir près de notre bâilleur...

Tirant alors une carotte de dessous sa veste, il l'introduit d'un coup dans le gosier de Lamorlière...

Le chevalier faisait une mine diabolique. On s'empressa autour de lui, on lui fit respirer des sels. Il parvint à savoir le nom de son adversaire, se battit avec lui dès le lendemain, et reçut un coup d'épée.

On nomma ce duel : le duel à la carotte.

III

Familier assidu de Philippe Égalité, Laclos se vit depuis mêlé à toutes les tragédies révolutionnaires ; il avait une influence marquée sur la conduite du prince, qui l'admettait habituellement dans son conseil. S'il faut en croire les *Mémoires* du temps, il était, dès le mois de juillet, membre du club qui se tenait au village de Montrouge, près Paris, où des personnages importants délibéraient sur le sort du royaume. Ce fut lui qui, conjointement avec Brissot, rédigea la fameuse pétition qui provoqua le rassemblement du champ de Mars, où l'on demandait que le roi fût mis en jugement, et l'on put le voir à la tête des séditieux qui la colportaient.

Et c'est alors qu'un mauvais emplâtre sur l'œil, un sabre traînant le pavé à sa gauche, la voix rauque, avinée, ce même Laclos parcourait Paris, avec l'émeute à sa solde !!!

Plus de duels, plus d'éclats ! C'est un embaucheur des d'Orléans que ce romancier de la rue, — quelque chose qui promène dans Paris sa réputation fourbue et sa valeur d'antichambre ; un homme qui écrit aux clubs : Allez ! à Louis-Philippe Égalité, *sire* futur !

Ce sont là de ces plaies que les révolutions seules expliquent. Les uns sapaient alors la religion, d'autres l'État; on ne trouvait, hélas! dans l'esprit public aucune vigueur. Étonnez-vous après cela que Laclos, dévoré déjà par ce roman colossal d'impudeur : *les Liaisons dangereuses,* ait voulu saper le trône !

Il l'a voulu, et ce féroce duelliste de

toutes les mauvaises causes a réussi. Au lieu de l'épée du bretteur, il maniait une plume; il s'adressait aux classes infimes, corrompues de la société française, et il vainquit. Abâtardissement de l'esprit merveilleusement secondé par l'abâtardissement de la nation, œuvre inaperçue de soixante années que Laclos, aujourd'hui, s'étonnerait lui-même d'avoir secondée! Cahier brutal qui commence aux lignes du romancier et finit à celles du réformiste sanglant! L'encyclopédie avait déteint sur Laclos.

Lorsque ce vieux monde d'utopistes et de philosophes s'est submergé, que devint cet homme? où mourut-il? Jeté en prison à la mort de son protecteur le duc d'Orléans il fut rendu à la liberté le 9 thermidor, il mourut à Tarente en 1803. Peut-être se souvint-il avant d'expirer de tous les complots inconnus où l'avait mêlé son maître; peut-être vit-il à son chevet des ombres implacables comme celle de Pinel, l'agent de change assassiné sur la route du Raincy; ses fabriques de piques, de canons et de pamphlets à lui Laclos, recevant en pleine assemblée l'approbation de ses brigands, de ses satellites à lui!

Quelle mort et quel baisser de rideau !

IV

Mme DE NESLE ET Mme DE POLIGNAC

Amazones du temps passé. — Madame de Saint-Balmont.— Madame de Château-Guy et sa sœur. — La vieille à Montauban. — La Beaupré. — Madame Daverne. — Madame de Soubise. — Les amours de Richelieu et de madame de Nesle. — Madame de Polignac. — Une leçon de pistolet. — Cora.

I

Ce n'est pas la première fois que deux amazones ont croisé le fer pour se disputer l'amant de leur choix : la vaillance est aussi le fait des dames, et si elles ne se battent plus avec les Gorgones et autres guerrières de leur sexe, comme dans la fable, elles ne s'en font pas moins raison mutuelle les armes en main.

Le chapitre de Tallemant des Réaux, *les Femmes vaillantes*, nous donne déjà la clef de ces courages virils qui ne reculaient devant rien, véritables caractères de la Fronde dont madame de Saint-Balmont ouvre si brillamment la liste.

« Madame de Saint-Balmont est du Barrois ; son mari était dans les troupes du duc de Lorraine ; il est mort à son service. Se trouvant naturellement vaillante, elle se mit en tête de conserver ses terres ; cela l'obligeait à monter souvent à cheval ; insensiblement, elle s'y accoutuma, et peu à peu, elle s'habilla en guerrière ; elle a, d'ordinaire, un chapeau avec des plumes bleues : le bleu est sa couleur, elle porte ses cheveux comme les hommes, un justaucorps, une cravate, des manchettes d'homme, un haut-de-chausse, des souliers d'homme et fort bas, car, quoiqu'elle soit petite, elle ne veut point passer pour plus grande qu'elle est, et elle est si brusque qu'elle ne pourrait pas sans danger, se chausser comme les femmes ; elle porte une pipe par-dessus son haut-de-chausse ; a toujours l'épée au côté et les pistolets à l'arçon de la selle ; mais quand elle monte à cheval, elle quitte sa jupe et prend des bottes. On ne saurait être plus vaillant qu'elle; elle a pris ou tué de sa main plus de quatre cents hommes.

« C'était cette même madame Saint-Balmont, qui, lorsqu'Erlach passa en Champagne, alla seule attaquer trois cavaliers allemands qui dételaient les chevaux de sa charrue. Elle montait à l'escalade dans les assauts, pistolet au poing, et luttait contre dix-sept hommes au milieu d'une chambre où elle s'était jetée de furie. Une autre fois, elle appela en duel un gentilhomme réputé fort brave, il se trouva à l'assignation, mais il n'avait qu'un bidet. « Madame, il faut mettre pied à terre, vous avez un cheval d'Espagne. » Elle descend ; lui, prend si bien son temps, qu'il saute sur le cheval de l'amazone, s'en va, et lui laisse son bidet. On trouva le tour plaisant. »

Tallemant ajoute en parlant de madame de Saint-Balmont :

« Elle est gaie jusqu'à contrefaire l'Allemand francisé. Elle est un peu gesticulante, mais elle est si souvent homme qu'il ne faut pas s'en étonner. »

Dans ce beau temps martial, il y avait aussi d'autres prodiges d'énergie féminine.

Ainsi, en Auvergne, il était deux sœurs, l'une mariée à un M. de Château-Guy, de

Murat, l'autre à un gentilhomme nommé La Douze, qui n'y allaient pas de main morte.

« La première, galante et belle, allait ordinairement à cheval avec de grosses bottes, la jupe retroussée, un chapeau avec un bord, des rayons de fer et des plumes pardessus; l'épée au côté, des pistolets à l'arçon de sa selle. Du vivant de son mari, monseigneur d'Angoulême, alors comte d'Auvergne en fut amoureux, et quand il fut arrêté par M. d'Heure, capitaine d'une compagnie de chevau-légers entretenue, à laquelle ce prince faisait faire montre, elle jura de se venger de ce M. d'Heure. Quand elle fut veuve, elle eut un autre galant qu'on nommait M. de Cadière; par jalousie elle l'appela en duel. Il y fut, et comme il pensait badiner, elle le pressa, de sorte que tout ce qu'il put faire fut de passer sur elle, et, tout d'un train, il la jeta à terre et *fit la paix de la maison*.

« La fin de cette héroïne devait être cruelle pourtant. Un jour, elle rencontra à la chasse des gentilshommes de son voisinage, nommés MM. de Gane, un gentilhomme qui était à elle et qui lui servait d'écuyer, lui dit : « Retirez-vous, madame, ils sont trois contre un. — N'importe, répondit-elle, il ne sera pas dit que je les aye rencontrés sans les charger. » Elle les attaque, ils répondent, ils furent assez lâches pour la tuer, mais non sans qu'elle eût fait une résistance de lionne. »

Telles étaient les mœurs fanfaronnes et quelque peu soldatesques de cette époque. La sœur de cette même madame de Château-Guy avait épousé un gentilhomme nommé La Douze, elle était plus jeune que l'autre. Son mari la battait ; tout d'un coup il tombe goutteux. Elle, grande et forte, le battit alors à son tour, il mourut, elle épousa Bonneval de Limousin. Elle en voulut faire de même avec lui et elle l'appela en duel. Il lui en voulut faire passer son envie; les voilà tous deux dans une chambre dont il avait bien fermé la porte. Ils se battent, et lui donna trois à quatre bons coups d'épée pour la rendre sage. Ce second mari mourut, elle était déjà vieille, mais se fardait.

« Un gentilhomme de Touraine, nommé la Citardie, qui avait le vol pour pies chez le roi vint la voir; comme amusement, elle lui fit passer toute l'après-soupée à moucher une chandelle à coups d'arquebuse, et parce qu'il avait tiré mieux qu'elle, elle lui fit rompre son arquebuse pendant qu'il dormait.

» Elle poursuivit trois lieues durant un de ses parents qui avait passé devant chez elle sans lui rendre ses devoirs, elle l'appela en duel. »

Quelquefois ces ardeurs viriles arrivaient à de plus nobles résultats, témoin cette vieille femme qui voyant dans ce même siècle, à Montauban, un jeune soldat s'exposer au péril pour mettre le feu à une galerie, lui ôta le flambeau de la main en lui disant :

« Mon enfant, tu pourras rendre d'utiles services à la patrie, pour moi je lui suis inutile, j'ai assez vécu. »

Et elle s'en alla mettre le feu à la galerie.

II

La Baupré, comédienne du temps de Corneille, eut un jour querelle pendant la farce avec une autre du même théâtre; elle tenait une épée dans une pièce du temps, et, la prenant à la main, elle bondit sur sa rivale.

L'autre recula, mais fut blessée grièvement.

. . . .

III

Au xviiie siècle, l'élégance des mœurs corrigeait ces vaillantises féminines, dignes au plus des jours de la duchesse de Longueville. Si les dames s'entreprenaient dans les salons, c'était d'abord avec une courtoisie ironique, le vocabulaire de la langue française leur fournissant assez de mots pour se faire bien comprendre. La cour du régent, en mettant ses maîtresses sur un pied d'égalité, les avait façonnés de bonne heure aux préférences passagères ; on n'arrachait pas les yeux aux favorites, et les rivales soupaient souvent à la même table. Elles se vengeaient par une épigramme ou un couplet. Richelieu qui se brouillait avec ces dames, avait le grand art de rester leur ami quand les premiers feux de la jalousie étaient calmés.

Pour n'en citer que deux exemples entre mille, madame Daverne, après l'avoir détesté, était encore très-satisfaite de le recevoir; la maréchale de Villars s'était aussi soumise à la loi commune, et ne voyait plus le duc qu'avec les yeux indulgents de l'amitié.

Madame de Soubise, plus fière, eut pourtant moins d'indulgence pour lui : après avoir cédé à ses poursuites, elle exigeait du duc le sacrifice entier de ses maîtresses; Richelieu promit et ne voulut pas tenir sa parole. Cette princesse, dont le cœur n'était pas toujours d'accord avec la raison, triompha à la fin de sa passion en abandonnant l'ingrat; elle eut la gloire, assez rare à cette époque-là, d'être la seule femme qui n'eut point à se reprocher une seconde faiblesse.

Madame de Nesle qui aima aussi le duc de Richelieu quelque temps après son ambassade, était loin d'avoir autant d'empire sur elle-même; sa tête s'égarait à la moindre fantaisie de cet homme que toutes les femmes se disputaient. Le duc, qui conservait son sang-froid dans les circonstances épineuses, avait beau redoubler pour elle d'attentions; l'illusion une fois détruite, madame de Nesle retombait. Amie de madame de Guébriant, elle se rappelait toutes les trahisons successives dont Richelieu l'avait abreuvée; madame de Sabran n'avait pas eu meilleure fortune. Que de fois noyée de larmes, elle avait contemplé le médaillon de son infidèle; que de fois elle lui avait adressé de sanglants reproches ! Madame de Nesle était belle, mais très-romanesque. Élevée dans un vieux château de l'Anjou, elle avait de bonne heure rêvé les grandes aventures ; être aimée de Richelieu la comblait. Le duc d'Orléans venait d'être nommé régent du royaume; les soupers de la nouvelle cour faisaient fureur ; c'était à qui briguerait l'honneur de se voir inscrite sur la liste de Dubois, l'instigateur de ces royales orgies. Madame de Nesle y parut la première fois en bacchante, entre madame de Mouchy et madame Daverne, maîtresse alors du régent. Le souper était des plus animés; la duchesse de Berry présidait la table avec Riom : pendant tout le temps que dura le repas, Richelieu n'eut d'yeux que pour madame de Nesle. Il avait au doigt un magnifique diamant, il le lui fit porter le lendemain par madame de Tilly. Mademoiselle de

Charolais le sut; elle en écrivit à Richelieu;
elle avait toujours des droits sur lui. Richelieu n'en tint compte; il continua ses assiduités près de madame de Nesle.

— Ah! disait celle-ci à madame de Ventadour, comme il m'aime! C'est une éloquence, un feu auquel il devient impossible de se soustraire!

Elle ajoutait que le duc lui apparaissait dans ses songes entre les lauriers de Mars et les myrthes de Vénus.

Quand les yeux de Richelieu rencontraient les siens, elle se sentait prête à défaillir, mais aussi, dès que le duc semblait se porter vers d'autres conquêtes, elle ne pouvait supporter l'idée d'un partage. Les ruses multipliées de Richelieu, elle les connaissait; au besoin, même, elle savait les déjouer. Son carrosse, ce fameux carrosse arrêté par ordre exprès du maître devant la porte de tant de femmes, elle en connaissait toutes les croisières et toutes les manœuvres; elle l'avait enlevé d'assaut à madame de Mouchy. A une fête que madame Daverne avait rendue à la maréchale d'Estrées, fête toute en vue de Richelieu, fête donnée pour le ramener à cette même madame Daverne; elle avait choisi l'instant d'un feu d'artifice sur l'eau pour accaparer le héros de cette nuit et lui faire jurer des amours inviolables. Au sein de ces jardins d'Armide, illuminés, radieux, le duc avait promis, il avait signé avec madame de Nesle un pacte d'éternité... mais à mesure que parlait le prévaricateur amoureux, les fusées retombaient autour de lui en pluie d'or comme ses serments, la nuit faisait place aux gerbes et aux bombes lumineuses, le même vide qui se faisait dans la fête s'était fait au cœur de madame de Nesle; elle venait de voir le duc s'enfuir entre mesdames de Mouchy et de Polignac.

— Laquelle des deux ? se demandait-elle en proie aux tourments jaloux qui l'obsédaient. Et elle pressait le pas dans ces allées où les verres de couleur se mouraient aux branches des arbres, où l'archet ne résonnait plus sur l'onde émue et troublée...

Madame de Mouchy était dame d'honneur de cette même duchesse de Berry, dont les mœurs étaient peu faites pour rassurer madame de Nesle; elle était jolie, elle ne pouvait pas rester cruelle... On soupçonnait le comte de Riom de s'en accommoder par intervalles. Madame de Nesle devançait déjà l'instant de sa vengeance, elle irait trouver la fille du régent, et lui dévoilerait les artifices de sa dame d'honneur.

Mais, si elle s'était trompée, si c'était madame de Polignac!

Celle-ci était plus régulièrement belle que madame de Mouchy, rien n'était comparable à la langueur de ses grands yeux d'un bleu de ciel vaporeux et doux. M. de Melun et le comte de Nocé soupiraient en vain pour elle ; en vain les plus charmants seigneurs de la cour affectaient de se trouver sur son passage ; rebelle à toutes les agaceries, elle affectait une humeur presque sauvage depuis qu'un insolent, — le marquis de Parabère, — lui avait un soir parlé grossièrement entre deux vins. Colombe timide qui se débattait dans la cage du régent, elle n'attendait sans doute qu'un défenseur au sein de cette cour dépravée.

Les espions, mis sur sa trace par madame de Nesle, ne tardèrent pas à convaincre cette dernière de son infériorité. Richelieu, passionnément épris de madame de Polignac, avait mis déjà tout en œuvre pour son œuvre infernale de séduction; il voulait plaire, et il avait plu. Quel coup de foudre pour madame de Nesle ! Il faut avoir connu ces blessures pour les comprendre. Madame de Nesle relut d'abord toutes les lettres de l'ingrat, elle chercha vainement à y retremper son courage... Les protestations du duc lui parurent impies, dérisoires, peut-être copiait-il la même lettre pour toutes les femmes... Elle apprit bientôt que le régent en personne, étonné des progrès que faisait Richelieu dans le cœur de madame de Polignac, avait gourmandé le duc sur son propre abandon; le duc pour toute réponse avait souri.

— Puisque le régent ne peut rien à ceci, je me suffirai bien! avait dit madame de Nesle.

En rentrant un soir de l'Opéra, elle écrivit à madame de Polignac une lettre extravagante. Elle y écrasait du poids de sa noblesse la petite noblesse de sa rivale ; elle la menaçait et allait jusqu'à l'injurier. L'épître vindicative se terminait par ce *post-scriptum* :

« Si du reste, madame, ces raisons ne vous persuadent pas, je vous attendrai demain, dix heures du matin, au bois de Boulogne. Mon arme est le pistolet. »

Madame de Polignac crut rêver...

On venait de lui apporter, une heure avant, le plus délicieux magot de la Chine qui pût se voir, un magot de céladon bleu qui remuait les mains, la tête et la langue ni plus ni moins que l'abbé Dubois ; c'était M. de Nocé qui lui en avait fait cadeau.

Elle était en contemplation naïve devant cette figure hétéroclite, quand un valet de pied apporta la missive de madame de Nesle.

Le premier mouvement de la jeune femme fut de répondre : — J'irai !

Le messager n'avait pas tourné les talons qu'elle commença à se reprocher elle-même son imprudence. Premièrement elle se battait pour Richelieu, secondement elle ne savait pas se battre.

S'afficher pour le duc lui semblait une audace répréhensible : leurs amours étaient secrètes, — autant que Richelieu pouvait garder le secret, — elle ne pouvait que perdre à cette divulgation forcée.

Madame de Nesle, au contraire, jouait le tout pour le tout. Elle allait forcer le public à se prononcer entre elle et l'amant qui la délaissait; elle allait se poser sur un véritable piédestal. Elle frappait un grand coup, la chance pouvait dès lors lui revenir.

Madame de Polignac passa la nuit dans une réelle agitation. Elle se leva vingt fois et courut à la boîte de pistolets de son cousin de Mailly, que ce dernier l'avait priée de garder avec ses livres et ses lettres.

— S'il était là, il m'apprendrait du moins comment je dois faire demain matin !

Il lui prit alors une sueur froide, et elle pensa, pour la première fois, la belle jeune femme, à la mort ! Mourir n'était rien, mais laisser une place à une rivale !

Le sein palpitant, la figure pâle, elle sonna, vers l'aube, sa femme de chambre, une mulâtresse du Cap, qui avait nom Cora; cette jeune soubrette répondit vite à l'appel.

— Cora, mes pistolets ! et cours vite prévenir M. de Nocé ! Tu lui diras que c'est pour me donner une leçon !

Les yeux de Cora s'allumèrent d'un feu étrange.

— En fait de professeur, répondit-elle, si madame voulait m'essayer...

—Toi ?

— Moi, madame la comtesse. Je n'avais

pas onze ans qu'on me faisait tirer à la colonie aux jours de fête, et je m'en acquittais à la satisfaction de tous. Voyez plutôt !

— Y penses-tu ? Ces pistolets sont chargés.

— C'est bien pour cela, madame, répliqua l'espiègle enfant, qui ouvrit alors la fenêtre, tenez, regardez un peu ce moineau sur cette branche...

Avant que madame de Polignac eût pu répondre, le coup partit, le moineau tomba.

— Descendons le chercher, dit-elle, le jardin est grand, nous aurons nos aises pour nous essayer. C'est tout de même une drôle de fantaisie qui passe par la tête à madame la comtesse !

Madame de Polignac se confia à sa chère mulâtresse ; il fut convenu que la voiture serait prête à neuf heures et s'arrêterait à quelques pas de la porte Maillot.

A l'heure dite, les deux carrosses débouchaient par l'avenue.

Madame de Nesle salua madame de Polignac; madame de Polignac rendit le salut à madame de Nesle.

Deux écuyers de ces dames servaient de témoins.

Les armes chargées, il fut convenu que les deux rivales marcheraient l'une sur l'autre en ayant la faculté de tirer ensemble dès qu'elles arriveraient à une écharpe placée au milieu de la distance.

Madame de Nesle tira très-vite; madame de Polignac un peu après, elle blessa son adversaire à l'épaule.

Cora s'élança de la voiture de madame de Polignac, elle était plus morte que vive.

Ce combat singulier donna bien quelque célébrité à madame de Nesle; mais il ne lui ramena pas Richelieu.

Il fallut qu'elle en prît son parti ; elle renonça à le disputer à ses rivales les armes à la main.

V

FLEURY

Le xviii⁰ siècle. — Un cardeur de matelas. — Boufflers et l'abbé Porquet. — Une fugue. — Le duel à la culotte. — Nouvelle affaire. — Mademoiselle Dangeville. — Lettre inédite. — Querelle avec les chevau-légers. — Louis XV et Fleury. — Dugazon. — M. Decaze. — Un duel avec Dugazon. — Dugazon blessé. — Desessarts. — Deux soufflets.

En voilà un qui n'a pas connu le chevalier de Gramont, mais qui a soupé plus d'une fois avec le maréchal de Richelieu ; voilà un homme à qui Lauzun eût parlé, mais qui a parlé souvent à Mirabeau, cet autre grand comédien ! Voilà enfin un artiste pour qui la nature prodigue a tout fait, qui a brillé au premier rang, et peu à peu s'est éteint.

Image vivante de la mode, fleur séchée depuis longtemps dans l'herbier du xviiie siècle !

Mais il reste de cette mémoire comme un vague et doux parfum ; cet homme a vu la vie sous toutes ses faces ; il a joué avec la reine à Trianon !

Il ne lui manquait plus que d'avoir eu des duels, et précisément il en eut, sans être pour cela le moins du monde duelliste, mais il avait le sang chaud ; il vivait au sein d'un monde qui portait l'épée. Fêté, recherché, couru, il demeura jeune longtemps ; longtemps il charma sous la poudre, cette neige odorante de nos pères, que pas un lion vieillissant n'oserait de nos jours ressusciter.

Ce n'est pas le masque de Thalie, ce fut celui du plaisir qu'il porta. Pour lui le plaisir s'était fait valet; il apparaissait à sa sonnette comme en un conte de fées. Vie de fleurs, d'esprit, de souplesse, de trahisons, de roueries galantes que la vie du comédien à la mode en ces beaux temps d'indolence ! Et cependant beaucoup de ces hommes, leurs modèles, moururent sur un théâtre plus sanglant ! A ce moment cruel, à cette heure lugubre et suprême, la gaieté ne les abandonnait pas, on le sait; ils revêtaient pour ce grand jour le frac à pluie d'argent dont ils se pavanaient jadis à l'OEil-de-bœuf, sans oublier d'offrir, en vrais marquis, une prise au bourreau dans leur tabatière. Ainsi mouraient-ils, quand ils ne mouraient pas comme Condorcet avec le poison de Cabanis !

La jeunesse de Fleury offre beaucoup d'intérêt. Ses premiers pas au théâtre sont curieux. Son père putatif exerçait la profession de cardeur de matelas ; Molière avait bien retourné ceux du grand roi ! Ce bonhomme de père n'était pourtant pas celui de Fleury ; c'était un pauvre artisan qui s'était même adressé au parlement pour l'adopter, tant il le trouvait espiègle et gentil. Une nourrice infidèle l'avait mis aux Enfants-Trouvés ; mais il était le fils du directeur des spectacles de Nancy ; il était donc né sujet ud roi de Pologne.

Aussi débutait-il à sept ans dans le petit laquais du *Glorieux*, et cela devant la cour de Stanislas, où le jeune Boufflers faisait déjà parler de lui ; tous deux se riaient de l'abbé Porquet, de mémoire grotesque ; tous deux s'aimèrent vite, et firent leurs premières armes en commun. Le père Fleury, ancien militaire, ne manquait jamais de citer ses campagnes ; il avait servi avant d'être comédien. Il développait ainsi chez son fils une humeur martiale, que la belle reine de cette cour, la marquise de Boufflers, tempérait par des croquignoles et des bonbons. Comédien de province, il apprit tout au plus à son fils à savoir lire et écrire ; l'abbé Porquet fit le reste. A quinze ans, Fleury était déjà un joli garçon ; il rêvait l'éclat, le luxe, la fortune ; il se souriait à lui-même dans toutes les glaces du château, et cependant son père voulait faire de lui un valet !

Jouer un pareil emploi, quand, matin et soir, on hume un parfum de cour ; porter la livrée quand on serait si bien en frac à paillettes ! Notre héros s'enfuit d'une traite jusqu'à Genève ; il vit Voltaire à Ferney. La même bénédiction que donna le patriarche au fils de Franklin, il la concéda au fugitif; qu'il voulut faire répéter lui-même... Il avait un très-beau théâtre à sa terre; la sœur et le beau-frère de Fleury s'y montrèrent sous un jour qui plut au grand homme. Plus tard, on le sait, Marie-Antoinette s'attacha mademoiselle Fleury, que l'abbé Vermond remplaça un beau jour comme professeur.

La troupe dont Fleury faisait alors partie était loin d'être montée comme une troupe de premier ordre... Le magasin des costumes était d'une pauvreté désespérante; on y suppléait souvent par des gilets à fleurs de papier peint. Un jour, le bruit se répand qu'une actrice célèbre doit passer par Nancy; elle retournait à un théâtre de province, où elle faisait la pluie et le beau temps. Fleury veut la voir; il veut saisir l'instant du relai de ses chevaux; il lui parlera; il sait déjà son nom, c'est mademoiselle

Clermonde. En jetant les yeux sur ses habits, il s'aperçoit tout d'un coup qu'il n'est pas présentable ; sa culotte ressemble à celle de l'enfant de chœur de Gresset :

> Déjà la brèche augmentant tous les jours,
> Démantelait la place et les faubourgs,
> Vous m'entendez... La culotte trop mûre,
> Se trahissait par mainte déchirure.

Cette culotte était de drap noir, et, par convention expresse, Fleury la portait deux fois la semaine, sa garde-robe étant commune avec un certain Paulin Goy, garçon de son âge, et déjà acteur comme lui. Le reste du temps, c'était Paulin qui alors cédait à Fleury la culotte de soie, et en revenait au simple drap. Or, ce jour-là, jour du passage de mademoiselle Clermonde à Nancy, jour heureux, jour mémorable, Paulin portait par son contrat la culotte de soie ! Chagrin violent de Fleury ; il cherche

Paulin partout; à la fin il le rencontre :

— Paulin, prête-moi la culotte...

— Pourquoi ? ce n'est pas ton jour.

— Prête-la-moi.

— Jamais !

— Que veux-tu donc faire aujourd'hui ?

— Je veux aller au-devant de mademoiselle Clermonde.

— Comme moi.

— Comme toi !

— Nous verrons alors !

— Soit, tout de suite, et flamberge au vent !

Et les voilà tous deux habits bas, se disputant la précieuse culotte. Fleury avait l'avantage sur Paulin Goy ; ils étaient encore tous deux aux prises quand une femme jette un cri en voyant les combattants ; c'était mademoiselle Clermonde ! Sa chaise de poste roulait déjà ; elle fit arrêter le postillon...

Ce duel sans témoins l'épouvantait. Elle eût bien ri si elle en eût connu le motif. A sa vue, les deux adversaires quittèrent leur jeu.

— Deux enfants! dit-elle en levant les épaules ; voulez-vous bien en finir !

Tous deux n'eurent qu'une excuse, celle-ci :

— C'était pour vous que nous nous battions !

Mademoiselle Clermonde les força à s'embrasser ; elle détacha deux fleurs de son bouquet, et les jeta par la portière de sa chaise.

— A la bonne heure, nous avons chacun la nôtre, dit Fleury ; ce n'est pas comme la culotte !

Que devint cet amour de Fleury pour mademoiselle Clermonde ? L'auteur de ses mémoires, en homme d'un esprit aussi agile que charmant, M. Laffitte, pourrait seul vous le raconter ; Fleury reçut un jour à Versailles un cartel en règle de M. de Tréville, amant en titre de la belle actrice ; on se battit à l'épée ; Fleury fut blessé au bras. Je n'ai pas sous la main les mémoires que je me plais à citer, mais je crois me souvenir que mademoiselle Clermonde récompensa le blessé ; c'était le moins. Il n'avait pas encore débuté à Versailles, mais il avait une protectrice puissante dans mademoiselle Dangeville. Mademoiselle Dangeville, à qui le père de Fleury l'avait recommandé, avait alors soixante ans. Nous avons vu mademoiselle Mars à cet âge ; c'était la même grâce, le même organe enchanteur chez mademoiselle Dangeville. Ses charmes lui avaient fait donner dans le temps le nom de *la belle Hortense*; Fleury s'en éprit comme le fils de Ninon s'éprit jadis de sa mère. Mademoiselle Dangeville eut toutes les peines du monde à lui persuader qu'elle n'avait plus trente ans.

« Je suis vieille, lui écrivait-elle (1); je crains que vous n'ayez oublié, mon cher Fleury, la fable des *Bâtons flottants* du bon La Fontaine. L'heure de ma retraite a sonné, depuis longtemps. Vous me reprochez de vous avoir rudement traité dans ma dernière lettre, c'est que vous devez songer à vos chères études; oui, je voulais blesser votre amour-propre, mais vous paraissez plus triste que fâché, j'ai manqué mon but. J'en suis affligée. Plus il y a en vous de délicatesse et de sensibilité, plus je regrette sincèrement que ce fantôme, auquel vous avez donné mon nom et qui me ressemble si peu, se soit emparé de votre imagination.

---

(1) Extrait d'une lettre inédite de la célèbre comédienne. Nous devons cette communication intéressante à l'obligeance de M. Barrois, qui en possède plusieurs.

Chassez-le bien loin, Fleury, vous le pouvez certainement, et vous le devez par respect pour vous-même. Vous ne savez pas quelle étrange idole le hasard vous a fait choisir. Croyez-en mes franches paroles ; sur mon âme je ne voudrais pas vous tromper. Adieu, cher Fleury, notre correspondance est finie ; il le faut absolument ; que cela ne vous fâche pas ; je vous le répète, et pour la dernière fois, ce que vous perdez ne vaut pas un regret.

» Marie-Anne Dangeville. »

Fleury fut longtemps à se consoler de cette rupture ; il avait besoin de se sentir aimé de bonne heure par une femme supérieure. Il n'était pas de ceux qui se retirent comme Rousseau, dans la profondeur de leur âme ; il s'abandonnait avec charme aux émotions. Le trouble se mettait dans ses pensées il résolut d'en finir par une étude acharnée ; il prit corps à corps son répertoire, et travailla sept heures durant, et n'alla plus voir mademoiselle Dangeville à sa maison de Vaugirard. Mademoiselle Clairon le retint un soir à souper ; Fleury ne toucha à aucun plat. Une très-piquante actrice, mademoiselle Besse, assistait, à vrai dire, à ce repas ; Fleury n'avait des yeux que pour elle. Cette jolie personne appartenait à la troupe de Versailles...

Les chevau-légers de la maison du roi avaient leur quartier dans cette ville... Fringants, dissipés, hardis, ils étaient de plus bretteurs en diable, jeunes et braves, cela va sans dire. Pour qui connaît l'amateur ou l'abonné de spectacle en province, les prétentions de ces messieurs eussent paru certes raisonnables, ils voulaient n'applaudir que leurs maîtresses ; seulement, ils avaient jeté leur dévolu sur toutes les actrices. On connut bientôt le sentiment de Fleury pour mademoiselle Besse, on en fit des gorges chaudes. Les officiers qui envoyaient des bouquets à cette actrice adressaient en revanche à Fleury des sifflets immérités. L'artiste s'en émut, mais il se contint; un soir, seulement, qu'il venait de jouer *Tancrède*, et qu'il accompagnait mademoiselle Besse à la sortie du théâtre, la pluie vint à tomber, et force lui fut de prendre pour camarade une chaise à porteurs. Il l'accompagnait à la portière avec déférence, et aussi avec l'onglée, car le froid était fort vif. Tout d'un coup, et lorsque les porteurs remontaient la rue du Réservoir, Fleury se trouve devant une vingtaine d'hommes couverts en entier de leurs manteaux...

Notre comédien pressent le guet-apens; il saisit à bras le corps mademoiselle Besse;

l'emporte dans une maison dont la porte est entrebâillée, puis tirant la porte sur lui, il s'y adosse en véritable César.

Fleury, l'épée nue, Fleury contre une vingtaine d'hommes! c'était là à coup sûr un duel extravagant.

Il leur crie avec rage :

— Voulez-vous m'assassiner?

Son domestique, qui le suivait à distance, demande du secours, des bourgeois surviennent armés de lanternes et de fallots. Cinq chevau-légers furent arrêtés et mis en prison; Fleury reçut aussi l'ordre de se constituer captif.

Les coupables étaient de la maison du roi; un rapport devait s'en suivre.

Louis XV répondit :

— Que la justice ait son cours.

Puis Fleury se vit mandé chez M. le duc de Duras.

— Depuis quatre jours, lui dit-il, ces jeunes gens gardent les arrêts ; ils appartiennent aux meilleures familles du royaume ; voulez-vous les perdre ?

— Je veux les voir, répondit Fleury, et les voir devant vous, monsieur le duc !

Le lendemain, en effet, Fleury se rendait à leur prison.

— Messieurs, leur dit-il, vous avez voulu m'assassiner, venez me combattre maintenant l'un après l'autre, ou soyons amis (1) !

Les agresseurs de Fleury se jetèrent dans ses bras avec effusion. Il les embrassa à plusieurs reprises, et l'un deux, le jeune comte de Jaucourt, devint son ami.

Le roi, qui avait appris la chose, voyant Fleury quand il traversait la galerie de Versailles se pencha vers lui et lui dit :

---

(1) Mémoires de Fleury, chap. viii.

— Je suis content de vous ; vous êtes un brave jeune homme !

. . . .

Au théâtre de Versailles, où il ne comptait donc alors que comme simple débutant dans les rôles de son emploi, il eut d'abord des partisans, puis des ennemis : c'est le sort de tous ceux qui se destinent à la scène. Avant d'être sociétaire, il devait boire la ciguë... Versailles était alors le théâtre véritable des comédiens ; c'était de là que partait la grande fusée ; la cour jugeait les acteurs à petit bruit, mais ses arrêts étaient sans appel. L'une des plus grandes tragédiennes du monde, la Clairon, y jouait devant cette assemblée choisie ; elle y apportait le secret des nobles émotions ; on eût dit que ce royal parterre l'électrisait. Madame de Villeroy soutenait Clairon, madame Dubarry la Dumesnil ; les fêtes de Versailles étaient leurs fêtes, la fille de Marie-Thérèse, l'astre de ces nuits splendides. Marie-Antoinette n'était alors que Madame la Dauphine. Lekain et Clairon ! quelle affiche ! mais aussi quel écueil pour un jeune homme ! Voyez ce poëte donnant le bras à mademoiselle Fanier, c'est Dorat ; Sainval et Vestris se disputent en bons camarades sous le péristyle ; Dugazon plaisante ; La Harpe raille, et Monvel observe. Bellecourt et Préville s'habillent déjà dans leurs loges ; le duc de Duras se montre partout ; Molé tortille ses manchettes. Il s'agit d'un début au théâtre de la cour, de celui de Fleury, comédien ordinaire du duc de Lorraine, un petit bout d'homme qui a bien peur ! Il dit les premiers vers de la tragédie et on l'écoute ; il est jeune, il est timide. Patience ! un jour, ce même homme jouera Moncade !

Les chevau-légers étaient devenus ses

amis, et tous se faisaient un devoir de l'applaudir...

Cependant, et dès ses débuts à la Comédie française, soit à Versailles, soit à Paris, notre comédien avait compté sans son hôte, c'est-à-dire sans Dugazon.

Dugazon, le mystificateur par excellence, était un rival d'autant plus terrible pour Fleury que leurs deux natures s'excluaient mutuellement.

Fleury était né marquis, Dugazon singe; son talent d'imitation et surtout de parodie défiait l'analyse et les railleurs.

Il sautillait comme le perroquet Vert-Vert de bâtons en bâtons; il éblouissait à coups d'esprit, d'audace, de sarcasme; il ne se contentait pas comme Bellecourt, Molé et Monvel, d'être contre Fleury que Lekain, brave nature, soutenait seul; il le persiflait souvent avec cruauté.

Le 7 mars 1774, Fleury débute par Égisthe ; il était mort sans la Dumesnil, car lui-même perdait la tête, — le naufrage commun aux débutants ! — Dugazon fut le seul qui ne le rassura point. Préville lui avait serré la main, c'était son chef naturel ; il donna du cœur à Fleury. Le marquis de Villette vint bien un peu le complimenter, mais notre héros n'en tint compte. Pour Marmontel, il faillit s'attirer un vain duel avec lui, mais comme l'auteur des *Incas* ne se battait qu'avec la Sorbonne, force fut à Fleury de rengaîner. Les esprits étaient d'ailleurs tournés vers une phase peu joyeuse, — Louis XV venait de mourir, Fleury vit ce cercueil et plus tard celui de Voltaire, deux royautés auxquelles il put jeter un peu l'eau bénite du diable. Louis XV avait régné par le plaisir, — droit divin s'il en fut, — Voltaire, par le sophisme. Lekain avait précédé Voltaire, par pure étiquette funèbre; Lekain avait à peine cinquante ans quand il mourut. La littérature dramatique avait fait son temps. Ducis tâtonnait Shakspeare. Mettez La Harpe à la queue de ces gens-là, et il sera à sa place.

C'était Dugazon qui avait dit des amis dudit La Harpe peuplant seul le parterre pendant sa pièce des *Barmécides :* « Ce sont les pères du désert! » Il en avait dit bien d'autres, cet infernal Dugazon! Agile, amusant, frondeur avant tout, il était chargé de rappeler aux sociétaires qu'ils étaient hommes. Plus d'encens, plus d'éloges à tant la ligne, tout cela tombait devant l'inflexible contrôle de Dugazon! Surtout ce n'est pas lui qui eût souffert, le taquin, une infraction aux droits de sociétaire! Or, pour Dugazon, le premier droit était celui de se battre, il disait que les comédiens ne devaient pas être comme les perruquiers qui portent l'épée sans s'en servir (1). Leste, réjoui, gouailleur, il donnait vraiment envie de croiser le fer avec lui, le délicieux rodomont!

Ce maudit homme avait quelque chose du baron de Fœneste, et un peu aussi de ceux que Tallemant des Réaux met en scène avec un si ardent coloris ; il se serait battu pour un ruban, une fraise ou un éperon tordu. Malheureux dans ses affections conjugales, il n'y allait pas de main morte, cet époux-là! Il apprend un jour que M. Decazes (2) est l'amant en titre de sa femme...

— Parfait! se dit-il, j'aurai au moins le plaisir de lui demander ses lettres!

La chose était d'autant plus aisée pour Dugazon, qu'il donnait lui-même des leçons

---

(1) Lettre de M. le prince de Ligne.
(2) Bachaumont. — Mémoires.

au jeune Decazes, pendant que celui-ci en recevait de sa femme en partie double... Un matin, il se présente à l'hôtel de son élève, il a deux pistolets bien cachés sous son manteau (1).

— Mes lettres... monsieur ! s'écrie Dugazon d'une voix tonnante, mes lettres !

— Que voulez-vous dire, monsieur ?

— Mes lettres... c'est-à-dire celles de ma femme, reprend l'acteur exaspéré.

M. Decazes, vêtu d'une simple robe de chambre, comme on l'est quand on se lève, croit devoir céder à ce furieux ; il court à son secrétaire, il donne les lettres... Dugazon et son pistolet valaient bien cela !

Dugazon se saisit du paquet de lettres, il sort, il descend les escaliers quatre à quatre...

(1) *La Chronique scandaleuse.*

Alors, seulement, M. Decazes se ravise, il se penche sur la rampe de l'escalier, il crie à ses laquais :

— Arrêtez-le, c'est un voleur !

Les gens de M. Decazes se précipitent sur les pas du comédien.

Mais lui, sans se déferrer le moins du monde et s'adressant du bas de l'escalier au jeune homme :

— A merveille, monsieur, bien, très-bien, c'est cela, du feu, de la chaleur, parfait ! Continuez et vous entrez dans l'esprit du rôle !

Et les laquais de M. Decazes de rester la bouche béante. Tous sont convaincus que c'est une scène que répète leur maître, une scène convenue entre Dugazon et lui. Ils voyaient Dugazon lui donner souvent des leçons, et Dieu sait s'il y mettait de la chaleur !

A ce sujet, les mémoires du temps (1) font honneur à un militaire, fils d'un autre M. Decazes (fermier général) de l'anecdote suivante.

« M. Decazes s'est battu en duel au pistolet avant-hier avec le fils de M. de la Reynière (ancien fermier général) et voici pourquoi : M. de la Reynière, étant au parterre de l'Opéra à une des dernières représentations d'*Armide,* se sentit extrêmement poussé par la foule.

» — Qui est-ce donc, s'écria-t-il, qui pousse de cette manière ? c'est sans doute un garçon perruquier.

» M. Decazes, qui était là, lui répondit :

« — C'est moi qui pousse, donne-moi ton adresse ; j'irai demain te donner un coup de peigne. »

(1) *Chronique scandaleuse,* tome 2, page 99.

» Le lendemain, ils se sont rejoints, ils sont allés aux Champs-Élysées, et, *en plein jour*, devant plus de trois mille personnes, *ils se sont battus au pistolet*. Le militaire a été la victime de ce combat, un coup de pistolet lui a crevé les yeux et labouré la tête ; il n'est pourtant mort qu'un jour après. »

La taquinerie de Dugazon eut des suites moins fâcheuses ; il fut blessé à la cuisse par Fleury, qu'il avait persifflé comme *quatrième amoureux;* ils se battirent à l'épée. Dugazon était d'une prestesse d'écureuil, Fleury dut tout son succès à un jeu plus sage ; tous deux devinrent amis, et le soir, en boitant de sa blessure, Dugazon présentait son adversaire, admis enfin cette fois comme sociétaire, au foyer.

Desessarts eut avec Dugazon un duel célèbre qui fournit le sujet d'une pièce trèsbouffonne (1). L'énorme corpulence de ce comédien, qui jouait l'emploi des *financiers*, était devenue bien vite le point de mire des plaisanteries de Dugazon, qui se faisait une joyeuse tâche de le mystifier.

Lorsque la ménagerie du roi perdit l'unique éléphant qu'elle possédait, Dugazon alla prier Dessessarts de venir avec lui chez le ministre de la maison du roi, pour y jouer un proverbe dans lequel il avait besoin d'un *compère* intelligent. Dessessarts y consent; il s'informe du costume qu'il doit prendre.

— Mets-toi en grand deuil, lui dit Dugazon, tu es censé représenter un héritier.

Dessessarts est bien vite habillé de noir de la tête aux pieds, costume noir complet, pleureuses, crêpes, etc.

(1) Au théâtre des Variétés, *le Duel et le Déjeuner*, un acte.

On arrive chez le ministre.

— Monseigneur, dit Dugazon, la Comédie française a été on ne peut plus sensible à la mort du bel éléphant qui faisait l'orgueil de la ménagerie du roi, et si quelque chose pouvait la consoler, c'est de fournir à Sa Majesté, l'occasion de reconnaître les longs services de notre camarade Desséssarts; en un mot, je viens au nom de la Comédie française vous demander pour lui la survivance de l'éléphant!

Si le ministre se tordit les côtes à la suite de cette allocution, il n'en fut pas de même de Dessessarts. Dans sa fureur légitime, il provoque Dugazon. Arrivés au bois de Boulogne, les deux champions mettent l'épée à la main.

— Mon ami, lui dit alors Dugazon, j'éprouve un vrai scrupule à me mesurer avec toi, tu m'offres trop de surface et aussi trop d'avantage, permets moi donc d'égaliser la partie. A ces mots, il tire de sa poche un morceau de blanc d'Espagne et trace un rond sur le ventre de Dessessarts.

— Écoute, ajoute-t-il, tout ce qui sera hors du rond ne comptera pas. Ce duel grotesque fut suivi d'un déjeuner, y avait-il moyen encore de se battre (1) ?

Le prodigieux appétit de Dessessarts répondait à sa grosseur : il mangeait en un repas ce qui aurait suffi à quatre hommes. Aussi ses transpirations, la nuit, étaient-elles si abondantes qu'il fallait le veiller pour lui faire changer de linge d'heure en heure.

Un soufflet reçu et rendu fait quelque bruit, celui que Dugazon reçut et rendit au

---

(1) Voir L'histoire du Théâtre-Français, par Etienne et Martainville, tome III, et aussi *le Duel et le Déjeuner*, cités plus haut.

comte de *** se trouve ainsi raconté dans la *Chronique scandaleuse* (1) :

» Madame Dugazon, actrice de la Comédie italienne, en était tout au plus à son quinze ou seizième galant depuis six mois qu'elle ne vivait plus avec son mari, quand celui-ci s'avisa de le trouver mauvais. Le comte de *** étant de tour chez la belle, Dugazon vint à entrer. Après quelques moments, il dit à sa femme : »

» Madame, souhaitez le bonsoir à M. le comte, aujourd'hui je reste ici. »

» La belle, toute tremblante, bégaye un adieu au comte en lui faisant signe d'éviter une querelle à son sujet. Le mari reste maître du champ de bataille, mais le comte était de fort mauvaise humeur. Le lendemain, le surlendemain, il allait partout, disant que Dugazon était un drôle, un polisson,

(1) Tome III.

qu'il lui couperait les oreilles. Si les oreilles de Dugazon n'ont point été coupées, elles furent du moins très-échauffées de tous ces propos, qui lui revinrent. Le hasard le fit précisément rencontrer quelques jours après avec le comte, qui recommença de plus belle devant lui les mêmes discours. Dugazon, qui est avec Fleury, un des plus braves acteurs du siècle, lui signifia qu'il ne tolérerait pas semblable langage, avilissant, disait-il, pour celui qui le tenait. Le comte, sur cette déclaration explicite, se recule d'un pas et lui applique un bon soufflet; l'autre, dans la minute, le lui rend de toute sa force. Ces deux rivaux brûlaient de se battre; on les sépare; on les garde. Dugazon reçoit des ordres de la police, et sa femme, *avec tous ses talents*, est menacée d'un tour à la maison de force. Enfin, nos deux messieurs en ont été chacun pour un soufflet;

on était fort curieux, au Palais-Royal, de savoir la tournure que prendrait cette grande affaire. On se demandait au Caveau comment cela finirait et ce que M. le comte ferait du soufflet qu'il a reçu :

— Parbleu, répondit un plaisant, il le mettra avec les autres.

Et la prophétie s'est vérifiée.

Les rieurs ont toujours été nombreux; on riait jaune quelquefois à l'époque dont nous parlons.

« On ne parle à Paris que de coups d'épée et de duels. Mardi dernier, un homme cracha de sa voiture sur un jeune homme à pied; il descendit aussitôt, fit des excuses; elles ne furent point admises. Il fallut se battre et mourir pour avoir craché; car ce fut le cracheur qui resta sur le terrain. (1) »

Le tribunal des maréchaux de France avait

(1) *Chronique scandaleuse*, 1 page 68.

fort à faire en ces temps-là. Inutile de dire que le duc de Richelieu qui le présidait se souvenait d'avoir été jeune et mousquetaire ; son esprit chevaleresque lui faisait approuver souvent l'effervescence des jeunes militaires qu'on lui amenait. Un jour, il ne fut pas peu surpris de voir Fleury protégeant de toute la chaleur de son amitié l'un de ces gentilshommes, qui avait à peine barbe au menton.

— N'écoutez pas celui-là, disait le soldat du guet au maréchal, en lui désignant Fleury, c'est un comédien qui soupait hier encore avec ces messieurs !

— Et c'est pour cela que je leur fais grâce, dit le maréchal, l'Abbaye et la Comédie française n'ont rien de commun !

Un curieux fait d'armes de notre héros, ce fut aussi sa rencontre avec la Raucourt.

Raucourt était alors le vrai sphynx de la

Comédie, on la voyait tantôt conduire un *wiski* en homme, tantôt s'habiller avec élégance en jeune amazone ; elle avait des habitudes masculines dont chacun jasait. Ses camarades l'appelaient tantôt *monsieur* et *mademoiselle*. Elle portait chez elle une lévite et des pantalons à pied.

Le meilleur, c'est que Fleury, dans ses débuts, en avait été fort amoureux : elle était alors avec M. de Bièvre.

De Bièvre, quel nom ! le vrai père du calembour, le persiffleur acharné, impitoyable, — vous allez voir quel plat de sa façon il servit à notre comédien !

Pour ceci, il est nécessaire d'établir quelques antécédents.

Mademoiselle Raucourt avait débuté à la Comédie à l'âge de dix-huit ans ; elle était élève de son père et de Brizard. — Jamais débuts ne furent plus vifs, plus brillants, plus applaudis ; elle fut d'abord sage, longtemps sage... Peu à peu, à force de billets doux et d'hommages, la tête lui tourna ; elle fit plus de cent mille écus de dettes ; elle eut des pierreries, des chevaux et même un abbé... Cet abbé lui persuada de fuir un jour en Belgique, terrain neutre ; après trois années d'absence, elle revint comme l'enfant prodigue à la Comédie, qu'attristait le départ précipité de la Sainval. Ce fut alors que Fleury s'employa vraiment pour elle... Mademoiselle Raucourt avait été rayée de la liste des sociétaires ; elle n'avait, en revenant à Paris qu'un seul protecteur, Fleury, — la reine elle-même ne vint qu'après. La reine la vit jouer à Fontainebleau, là, sa rentrée fit grand effet. Madame Campan voulut dès lors purifier Raucourt et lui trouver un mari ; c'est sur Fleury qu'on jeta les yeux. Déclinant un pareil honneur, celui-ci d'abord fut prêt à s'envoler vers la Trappe.

Il rencontre un soir de Bièvre. Le marquis venait de quitter Raucourt ; il nourrissait pour cette ingrate une telle rancune que l'occasion lui sembla belle ; il résolut de la mettre à profit.

— Mon cher Fleury, dit-il au comédien, les griefs de Raucourt n'ont rien à voir ici, elle m'avait lié à son char par un contrat onéreux ; cela jurait trop avec mon humeur et mon étourderie de mousquetaire. M. de Sartines, sur ma plainte, a examiné les formes et le fond de l'affaire ; j'ai été mis hors de cour ; c'est tout ce que je voulais. Les jeux et les ris n'en doivent pas moins voltiger sur ses traces ; vous êtes jeune, mon ami, mais elle a du talent, elle promet de s'amender... Eh bien, mon cher, soyez pour elle un mari à l'essai, étudiez-la, mettez-la.

par exemple en charte privée pendant un mois...

Et comme Fleury hésitait ;

— Justement, tenez répliqua le marquis, j'ai une campagne à Sceaux ; je l'ai achetée d'hier ; Raucourt ne peut donc la connaître... Demain, je pars pour Bruxelles et vous envoie par mon cocher les clefs de cette villa mystérieuse... Allons, est-ce dit ?

Fleury se résigna ; le lendemain même il recevait les clefs du marquis.

Décider Raucourt n'était pas chose facile.

Une seule chose pouvait la pousser à quitter Paris : c'était une légion de créanciers, véritable bande de corbeaux qui la guettait... Elle accepta, tout en se gardant bien d'avouer à Fleury les motifs de sa décision. Fleury ne cherchait guère le mariage dans Raucourt ; il le fuyait au contraire... Mais il la trouvait belle, bien belle... dans *Didon* surtout! Qui dira ces airs passionnés et pleins de langueur des comédiennes d'autrefois, comédiennes à vingt ans, comédiennes pour la cour et les grands seigneurs? A coup sûr, ce n'est pas moi! J'aime mieux vous renvoyer aux intrigues et aux charmilles animées de Versailles, à ces chaussures de soie criant sur l'herbe, à ces corsages de rubis et de dentelles, à toutes ces magiciennes que peignit la Rosalba. La peau de Raucourt défiait le marbre, ses dents étaient blanches comme celles d'une jeune louve. Ce fut par un beau soleil de mai que Fleury, de son plein consentement, l'enleva et la conduisit à Sceaux dans cette campagne du damné marquis. Là, dans cette thébaïde, il espérait vivre en ermite, mais en ermite qui a fait des vœux; car, s'il eût cédé à son entraînement, il était perdu..., je veux dire marié.

Et de tous les duels, — convenons-en, celui-là était le plus alarmant, le plus périlleux pour notre acteur, vivre auprès d'une jeune et jolie tragédienne, vivre à la même table, sous le même toit !

Mais Fleury avait oublié de Bièvre, lequel on va le voir, ne l'avait pas oublié.

Le lendemain de leur installation à Sceaux, la sonnette est agitée violemment ; il pouvait être dix heures du matin.

— M. le chevalier de Pressac ? demande un homme noir, que sa tournure ne désigne que trop pour un recors.

— Il est loin d'ici, répond la Raucourt avec aplomb, il est à Arras...

— Pourtant, nous avions pensé, mademoiselle...

Se levant alors, Raucourt met l'importun à la porte; elle se dispose à déjeuner avec Fleury; elle est en peignoir à fleurs, son bonnet un peu sur l'oreille et à la dragonne, c'est vrai, — mais enfin, elle est charmante. Fleury lui verse une tasse de thé exquis.

Un second coup de sonnette interrompt le déjeuner au moment même où Fleury va lui demander des explications à propos de ce visiteur inattendu.

— M. le baron d'Hervey?... Nous avons contre lui prise de corps... nous sommes en règle, voyez!

Et un nouveau recors de se montrer aux yeux de la tragédienne stupéfaite...

— Allez au diable! dit-elle en se remettant et en assaisonnant sa phrase d'un juron viril; le baron d'Hervey voyage en Suisse!

— Cependant, mademoiselle...

Raucourt se débarrasse promptement du personnage.... Fleury commence à comprendre.

— Friponne! c'est à vous que revient

l'honneur de tous ces *travestis*, lui dit-il ; vous n'empruntez jamais aux usuriers que sous les habits de notre sexe. Vous vous nommeriez demain Richelieu ou Soubise si le roi n'y mettait ordre !

Raucourt allait répondre quand un troisième coup de sonnette, plus aigu, plus criard que les deux premiers, retentit.

— Ouvrons toujours, dit-elle à Fleury ; cette fois peut-être ils se lasseront !

C'était une vieille, vieille revendeuse à la toilette, coiffée d'un pouff poudré qui lui donnait l'air d'un oranger qu'on rentre pour l'hiver.

— Mademoiselle Raucourt ? demande-t-elle d'une voix chevrotante.

— C'est moi, madame, moi-même, dit Raucourt, enchantée cette fois de ne pas reconnaître une créancière dans son interlocutrice. Que me voulez-vous ? parlez !

— Mademoiselle, fit la vieille, je viens vous apprendre une nouvelle qui va vous porter un coup sensible... M. le marquis de Bièvre... feu M. de Bièvre...

— Comment?

— Oui, mademoiselle, il n'est plus, il vient de décéder en Prusse, et vous laisse pour rente annuelle dix mille livres...

— Dix mille livres, mon Dieu! mais c'est plus qu'il n'a jamais voulu me donner de son vivant! fait Raucourt en comprimant une envie de rire.

Par exemple, il y met une condition...

— Laquelle?

— C'est que vous épouserez, demain, M. Fleury...

— Vous raillez, sans doute? Et si je l'avais épousé hier? reprend-elle malignement.

— Alors le contrat serait nul, nul de toute nullité.

La tragédienne voulait répliquer; elle croyait être le jouet d'un rêve; la vieille revendeuse à la toilette allait prendre congé d'elle et de Fleury, quand celui-ci se levant:

— Bien joué, marquis, la leçon est bonne! Je n'épouserai pas, soyez tranquille !

Et, soulevant la coiffe qui couvrait les traits de la revendeuse, il fit voir à Raucourt le visage ironique de Bièvre... Le marquis partit le premier d'un sublime éclat de rire...

— Eh bien, mon maître, comment trouvez-vous que je joue la comédie?

— A merveille, aussi bien que Dugazon.

— Vous trouvez ?

— Oui, mais je trouve aussi que mademoiselle avait une façon de vous regretter....

— Fort joyeuse, n'est-ce pas, reprit de

Bièvre ; je compte lui en demander raison le jour où elle se mettra en homme... En attendant, j'espère que vous allez vous marier avec elle, mon cher Fleury. La sonnette de ma villa est à l'épreuve des coups les plus furieux ; elle tintera souvent, je vous en préviens ; vous croirez entendre celle du régisseur à la Comédie.

— Bonté divine !

— Ah ! cela dérangera un peu vos chères études, mais vous êtes philosophe...

— C'est selon.

— Puis, vous aurez les tailleurs d'habits et de robes, les carossiers, les selliers, et, vous le voyez, même les revendeuses à la toilette...

— A la condition qu'elles seront plus belles que vous, marquis, répliqua vivement Raucourt. Regardez-vous à la glace ! Allez, rassurez-vous, j'aimerai Fleury quand je voudrai, mais je n'ai, pas plus que lui de vocation pour le mariage.

L'Hymen n'est pas toujours entouré de flambeaux !

ajouta-t-elle en déclamant. Voyons, asseyez-vous là et faites-nous vous-même les honneurs de votre cave. En fait de *vieilles* amies, vous pouvez compter sur moi ; vous le savez, je n'ai pas trente ans !

Le déjeuner paya les frais de cette petite guerre; Fleury venait de l'échapper belle ; quelques jours de plus, la Raucourt se fût peut-être appelée madame Fleury !

. . . .

Fleury ne fut témoin qu'une fois dans sa vie; c'était pour Dugazon, dans son affaire avec Dazincourt.

Le motif de la querelle qui avait eu lieu au théâtre était des plus simples. Les deux combattants se disputaient la casaque, la grande casaque, la *casaque rouge* des comiques.

Dazincourt et Dugazon la voulaient comme autrefois Fleury et Polin Goy, son ami, avaient convoité la même culotte !

Mascarille, en d'autres termes, se battait contre Labranche, Crispin contre Gros-René !

Les témoins de Dazincourt étaient : Auger, l'un des bons comiques du Théâtre-Français, et Pierre Boucher, ancien militaire et musicien de son état.

Ceux de Dugazon : Fleury et Dessessarts.

Tout s'y passa dans les règles ; l'impétuosité des deux rivaux fut telle, que tous deux furent blessés.

La casaque rouge leur fut adjugée; chacun put se dire comme Auguste, dans *Cinna* :

Préfères-en la pourpre à celle de mon sang !

On se quitta bons amis, et après un déjeuner où Dessessarts mangea trois volailles et un civet à lui seul! il paya la carte et deux chaises cassées sous lui.

. . . .

En 1818 eut lieu la dernière représentation de Fleury, tout Paris y assistait.

Mademoiselle Mars y lut des vers; elle avait toujours aimé Fleury, elle l'avait même un jour défendu avec chaleur au sujet de la représentation de retraite de mademoiselle Crétu.

Fleury avait débuté en 1774 par le rôle d'Egisthe, c'était l'année de la mort de Louis XV. Après avoir traversé la tourmente révolutionnaire, après s'être vu encouragé par trois rois, par un empereur et par tout ce qu'il y avait d'intelligences splendides, il s'était retiré dans la jolie maison de campagne que son notaire et ami Thirion lui avait fait acquérir. Des amitiés opulentes étaient venues le chercher vers la fin de sa carrière ; il avait connu les banquiers Savalette et Pérrégaux. Si ces messieurs avaient des hôtels dorés et des galeries, ils aimaient aussi à protéger l'art ; ils voulaient surtout assurer à ses interprètes une aisance méritée. Fleury n'a donc point connu les mauvais jours, ni les heures tristes ; outre sa maison de campagne, il en avait une autre à Orléans ; il donna dans cette dernière une jolie fête à Contat. Depuis la mort de cette femme aussi célèbre que charmante, Fleury avait résolu de se retirer du théâtre ; la vie de famille devint son port. S'il avait assisté à l'enterrement curieux de la Raucourt, il avait vu se lever aussi sur la Comédie française l'étoile de mademoiselle Mars !

III

MARTAINVILLE

En voici un, par exemple, qui a vécu d'une vie d'athlète, de journaliste, en un mot.

Aujourd'hui, l'on sait à peine ce que pouvait être un journaliste en 1815.

Quelque chose d'aussi inouï qu'un *ménestrel* en 1857 !

Ces figures hardies, violentes, agressives, la main sur le fleuret d'un côté, l'autre sur leur page ébauchée à peine, se sont effacées de jour en jour ; le rideau ne se lève plus sur ces hommes d'un relief prodigieux, c'est du Molière tout pur, — Cyrano de Bergerac avec une plume au feutre, une rapière au côté. En ce temps-là c'était un tintamarre de démentis, la phrase avait la moustache en croc, la presse était guerroyante et matamore ; avant toutes choses, la personnalité de l'écrivain faisait sa force. On ne disait pas : le *Drapeau blanc*, on disait : le journal de Martainville.

Un publiciste, c'était un capitan qui prenait son ennemi aux cheveux.

Bastonnades politiques, soufflets, cartes échangées, la force du poignet de Samson, le poing sur la hanche, le sarcasme aux lèvres, une crudité féroce, une fièvre d'escarmouches, Achille et Ajax confondus dans la même peau, — telle était la physionomie curieuse, vivace de la presse d'alors; on avait l'air d'écrire ses articles dans une salle d'armes. Une, deux, trois! et fendez-vous!

Martainville (Alphonse), né en 1777, en Espagne, de parents français, ne figure en aucune façon dans la Biographie des Contemporains; M. Quérard, dans le tome cinquième de *la France littéraire*, est le seul auteur de nos jours qui lui ait consacré quelques lignes, encore, est-ce comme nomenclature de ses œuvres dramatiques. Martainville, en effet, n'est mort qu'en 1830; il avait donc treize ans en 1790. Ces chiffres seuls donnent la mesure des étapes qu'il a parcourues, étapes marquées par de si grands événements historiques. L'opinion exerçait alors un prestige qu'elle a perdu.

Où trouver maintenant ces tempéraments de feu, ces fibres nerveuses, disposées aux surexcitations politiques? Aujourd'hui, on ne répand plus dans une querelle des flots de sang, mais des flots d'encre ; on n'est plus grincheur, on est *bon homme*... à la façon de ceux de Barrière.

Telle n'était point l'allure des écrivains de cette période nommée : la Restauration.

La susceptibilité naturelle à tout homme bien organisé s'avivait de ces mille et une dissonances d'opinions qu'amène un nouvel état de choses ; les officiers à la demi-solde se rencontraient souvent avec les gardes-du-corps, les ultrà avec les libéraux.

Et cela sur tous les terrains : — au théâtre, — dans les salons, — dans la rue, dans les cafés.

Les cafés surtout ! car au premier rang figurait alors le café des Variétés.

Jouslin de la Salle, Merle, Maurice Alhoy, Ferdinand Langlé, de Villeneuve, Théaulon, et beaucoup d'autres, étaient les commensaux de ce café.

Martainville rédigeait alors les spectacles dans le *Journal de Paris.*

Les attaques grossières, les personnalités offensantes ne lui étaient pas épargnées.

Très-souvent (nous racontait Merle), il recevait sa caricature par la poste avec un bonnet d'âne et l'ordre de la Girouette dans la main droite..... D'autres fois on l'accusait d'engager les Français à s'entr'égorger entre eux, et de dater ses conseils de Vincennes, lieu de réunion des volontaires royaux.

Au retour de Napoléon, Martainville dut à Etienne de rentrer dans sa place au *Journal de Paris* qu'il s'était vu forcé de quitter. On le représentait dans une écurie, recevant un picotin d'avoine des mains d'Etienne. Il y avait écrit au-dessous : *l'âne Martin rentrant au moulin.*

On lui envoyait aussi des lettres ainsi conçues :

« *Fréron était toujours à la veille d'une infamie, Martainville au lendemain.* »

Il va sans dire que les auteurs de ces lâchetés ne signaient pas.

Martainville crut en découvrir un dans son propre secrétaire. Ce garçon lui devait tout. Il se contenta de le renvoyer en lui disant :

— Je ne veux plus que tu broutes chez moi.

Il se vantait de la conversion de Merle au royalisme. Avant de connaître le prince de Polignac, Merle avait eu, en effet, d'autres idées.

— Il est bien changé, disait Martainville, j'ai fait de lui un merle *blanc*.

Grisier a été témoin du fait suivant :

Un soir, au café des Variétés, entre un colonel qui ne pouvait souffrir Martainville.

Celui-ci jouait tranquillement aux dominos. Le colonel élevant alors la voix et parlant à un garçon :

— Je sors de l'Opéra-Comique, servez-moi du café chaud, très-chaud, la pièce m'a pris à la gorge. L'horrible four !

Le Garçon. — A la minute, colonel.

Le Colonel, *s'animant*. — Est-elle assez bête cette pièce des *Mousquetaires* ! Il y a pourtant de ces cuistres de journalistes qui prônent ces sottises-là !

Martainville, *à son jeu*. — Double six !

Le Colonel, *s'exaltant de plus en plus*. — Non, mais c'est qu'ils mériteraient les étrivières, ces petits messieurs ! Des gratteurs de papier, des girouettes à tout vent ! Garçon, un journal !

Le Garçon. — Voici *le Drapeau blanc*, monsieur.

Le Colonel. — Une loque ! Va-t'en au diable !

MARTAINVILLE, *à son jeu.* — Gagné ! (*Se levant et allant lentement au colonel.*) Bonsoir, colonel ! avouez que vous voulez me chercher dispute ?

LE COLONEL. — Bien deviné ; vous n'êtes pas si sot que je croyais.

MARTAINVILLE. — Vous trouvez ?

LE COLONEL. — Je trouve aussi que vous ne ferez pas mal, demain, sur le terrain, habillé de blanc comme sur la vignette de votre feuille. Nous mouchèterons les fleurets en noir.

— A votre idée, colonel.

— Vous vous battez donc ?

— Parfois.

— C'est drôle, on m'avait dit le contraire.

— Qui cela ?

— Des amis à vous... On dit que vous avez peur de la poudre...

— Autant que vous, colonel. Vous voyez

que, malgré vos grosses moustaches, je vous écoute ici avec assez de constance...

— Monsieur Martainville, voilà dix sous. Vous ajouterez cela à la pension que fait la cour à un folliculaire tel que vous.

— Halte-là ! reprit Martainville (le seul mot de folliculaire le faisait bondir); halte-là, colonel, vous allez me rendre raison.

— Soit, demain ; voici ma carte ; j'aime assez voir clair quand je me bats.

— Non pas ! Tout de suite, monsieur, ajouta Martainville impérieusement; quant on est insolent aux quinquets, on rend raison sous les réverbères !...

Le duel eut lieu le lendemain, au pistolet, à Saint-Maur. Le colonel reçut une balle dans le bras.

A propos de pistolet, on a fort diversement conté, du vivant même de Martainville, le coup nocturne qu'il reçut au coin de la rue

Feydeau. Les uns veulent que ce fût un homme gagé pour le tuer, et qui lui cassa le bras droit; d'autres, que ce fût un simple voleur. Ce qu'il y a de certain, c'est que Martainville ne manqua pas de prendre la balle au bond, c'est bien le cas de le dire. Il rentra bravement à son imprimerie, qui était rue des Filles Saint-Thomas (1), et là, sa main droite enveloppée de sa cravate, il traça cette première ligne, qui fait juste un vers et qu'il adressait aux libéraux :

Avec mon bras cassé je vous écris encore !

Le lendemain, il lui fallut bon gré mal gré garder la chambre; son médecin lui prescrivait le repos. C'était le docteur Andry.

— Du repos! du repos! disait Martainville grinçant des dents, est-ce que vous croyez

---

(1) Chez Trouvé.

qu'un journaliste doit se soigner comme Labbey de Pompières?

Labbey de Pompières passait pour être encore plus curieux de sa santé que Garat, qui mettait deux spencers et deux carricks pour chanter.

Martainville avait Garat en horreur.

Un soir que celui-ci laissait attendre le public, d'après sa louable habitude, et que, de guerre lasse, le régisseur venait de faire lever le rideau pour haranguer le parterre, Martainville lui coupe la parole, et se tournant vers les loges :

— Citoyens et citoyennes, excusez m'sieu Gaat, il n'en est encore qu'à sa trentième cravate!

Le même docteur dont nous avons parlé, voulant le guérir d'une extinction de voix, lui conseillait de ne voir que des imbéciles :

— Vous ne leur répondrez pas et cela vous distraira.

Le docteur parti, Martainville dit à sa femme :

— Prends des noms.

Et les voilà tous deux à écrire. Martainville ne connaissait guère que des gens d'esprit ; sa femme, excellente musicienne, voyait plus de monde que lui ; ils parvinrent à trouver vingt noms.

Par exemple, c'étaient vingt noms d'imbéciles irrécusables.

Martainville, fidèle à l'ordonnance du docteur Andry, en reçut la moitié, puis il se fatigua vite.

Le docteur revint.

— Eh bien, mon cher Martainville ?

— Docteur, j'ai commencé votre régime, mais je préfère mourir!

Où il faisait bon de le voir, c'était aux

assauts de salles d'armes. Pendant le salut, il tenait souvent le masque à Grisier et lui soufffait mille calembours pour déconcerter son sérieux. Il aimait à conter la rude leçon que donna en revanche le chevalier de Saint-Georges à un nommé Chardon ; Martainville en avait été témoin oculaire, dans la salle de la Boëssière.

Un jour, Saint-Georges faisait assaut avec Chardon ; celui-ci nia ses coups d'une façon inconvenante. Poussé par la mauvaise humeur, le chevalier saisit Chardon à la gorge et à la ceinture, l'enleva de terre, et le tenant renversé la tête en bas et les jambes en l'air, il lui fit faire ainsi le tour de la salle, puis le remit sur ses pieds.

Martainville était loin d'être aussi robuste, mais il était adroit comme un singe. Il dessinait, il dansait, il patinait même, exercice revenu de mode aujourd'hui. Sa taille était ordinaire, son tempérament sanguin et nerveux, il était aussi gourmand que Désaugiers.

Il avait une mémoire telle qu'il lui suffisait d'entendre une pièce pour en répéter plusieurs passages. *A Marino Faliero* de Casimir Delavigne, il citait de six à huit vers dans les entractes, autant de la *Marie de Brabant*, d'Ancelot, dont il devait rendre compte. Il signait ses feuilletons en toutes lettres.

Voici, — entre mille, — un spécimen de sa manière, fort contestable à coup sûr :

« *Lundi 12 septembre* 1825, Comédie-française, première représentation de *Sigismond de Bourgogne* par M. Viennet.

» Si M. Viennet est toujours en correspondance avec Sidy-Mahmoud, il peut écrire à l'amateur tunisien que, le samedi 10 septembre, on a joué à la Comédie-Française, avec l'apparence d'un succès qui ne tirera pas à conséquence, une tragédie très-*médiocre* qui n'enrichira ni la caisse ni le répertoire. »

D'autres fois, il commente ainsi une pièce de circonstance :

« *Théâtre de la Porte-Saint-Martin : M. Charles ou une matinée à Bagatelle*, par MM. Merle et Dupeuty.

» La scène se passe en 1755. Le comte d'Artois, se dérobant au bruit et aux plaisirs de la cour, vient souvent à Bagatelle pour y trouver le calme et *s'y livrer à cette bienfaisance ignorée* qui *donne plus* de prix aux bienfaits (phrase digne de La Palisse). Le suisse de Bagatelle est un vieux serviteur nommé Zurich, auquel le prince a confié ce poste, à la suite d'une aventure fort plaisante qui est contée dans la pièce, mais que nous ne pouvons détailler, *vu les bornes de cette analyse* (sic) ! »

Après quelques autres traits de la même force, il ajoute :

« On voit que cette pièce *est toute par allusion*. Selon nous, c'est la manière la plus délicate de donner des louanges et la plus flatteuse en même temps pour l'auguste personnage qu'on veut fêter. Heureux un prince, quand on peut faire son éloge en racontant l'histoire de sa vie !

» Les auteurs sont MM. Merle et Charles Dupeuty. »

Souvent aussi, cette façon *bonhomme* de rendre compte cache un piége. Ainsi, il n'est pas permis de croire que Martainville trouva de son temps, — et c'est pourtant ce qu'il dit, — ce couplet de M. Crosnier sur Charles X, *excellent :*

<blockquote>
Du bonheur, quand Charles paraît,
Pour nous sa présence est le gage,
</blockquote>

Chacun pour le fêter voudrait
Se rencontrer sur son passage,
Et si l'on voyait *en ces lieux*,
Guidés par la reconnaissance,
Venir tous ceux qu'il rend heureux,...
On y verrait toute la France !

Quelle belle épigramme sur d'Aigrefeuille, commensal acharnée de Cambacérès :

D'Aigrefeuille, de monseigneur
Ne pouvant plus piquer l'assiette,
Pour en témoigner sa douleur,
A mis un crêpe à sa fourchette.

Après cela, on faisait honneur à Martainville, comme à tous les gens d'esprit, de vers et de bons mots auxquels il n'avait pas même songé. Ainsi, on ne manqua pas de le brouiller avec Auger, l'auteur dramatique, pour ces quatre vers assez malicieux, du reste, mais qui sont de Loraux, un persifleur d'alors :

Conseil d'un membre de l'Institut à son con-

*frère indécis après le déjeuner donné par
M. Auger.*

Quoi ! vous nommez Baour ? — Mon cher il le mérite,
Eh ! mon Dieu, je le sais, mais nous voulons Auger
On peut oublier le mérite,
Mais jamais qui donne à manger !

Journalisme d'épicurien, avouons-le. J'aime mieux Martainville conteur au café que chroniqueur des premières représentations. Tel était aussi l'avis de Merle, son ami, critique à la fois plus exercé et plus fin.

La femme de Martainville était première chanteuse à la chapelle du Roi ; elle n'était pas non plus étrangère aux feuilletons de musique dans le *Drapeau blanc*, elle en a signé quelques-uns.

Martainville se chamaillait souvent avec elle.

— Elle est excellente, lui disait un jour Merle, voulant peut-être le lui faire croire.

— Excellente, c'est vrai, mais elle n'est pas bonne, répondit-il.

Il était souvent dans le besoin. L'histoire des verres de kirsch changés par son ordre en verres d'eau fait encore les délices des cafetiers du premier Empire. Martainville en se faisant servir des verres d'eau pour du kirsch chaque fois qu'il racontait une histoire, trouva moyen de payer un ancien compte.

Cependant ses ennemis étaient loin de désarmer. On l'attendait à un succès, il en eut un des plus éclatants : *le Pied de Mouton*.

Donner une féerie en plein temps de tragédie et sous la Restauration, c'était de l'audace. Talma lui-même en pâlit.

Martainville n'en recevait pas moins les étrennes suivantes :

> Gi-gît, bien mort sous le bâton,
> Martainville Pied de Mouton!

En ce temps-là Porcher n'était pas encore inventé, cependant Martainville toucha pas mal de sa pièce pour le temps : — cinq mille francs, tous les frais compris.

La presse lui fut douce. Un ou deux journaux l'attaquèrent seuls.

— Cela ne fait rien au *Pied de Mouton*, disait-il, ce sont des *épigrammes d'agneau*.

On ferait un *ana* des bons mots de Martainville. Son meilleur est sa réponse au président du tribunal révolutionnaire.

— M. *de* Martainville, lui disait cet accusateur public.

— Citoyen, vous êtes ici pour me raccourcir et non pour m'allonger.

Martainville mourut pauvre ; il avait à peine connu l'aisance à ses meilleurs jours, il vécut dévoré de dettes comme Théaulon. Les huissiers le traquaient au point qu'il commençait sa pièce au deuxième étage, et dès qu'ils entraient, il allait la terminer sous les combles.

La Restauration s'amusa de Martainville, elle ne l'enrichit point.

Certes le journalisme était alors moins puissant, il ne donnait pas des préfectures comme 1830 en donna à MM. Bohain et Romieu. Avec une modique pension de la cour on vivait; on n'avait encore inventé, comme sous Louis-Philippe, ni des commissaires près du Théâtre-Français, logeant loin de lui, à Athènes, ni des inspecteurs de monuments historiques dont la subvention du château graissait les roues.

Le journaliste d'alors était modeste et ne jouait pas à la hausse ou à la baisse; sa grande débauche était le *Cadran-Bleu* ou le Caveau avec des airs plus ou moins notés.

Le rabâchage poétique de M. Ancelot ne nuisait en rien aux beaux élans des Delavigne, des Soumet et des Pichat. M. Scribe, enfin, était encore jeune et ne songeait pas à l'Académie.

Martainville put voir toute cette période littéraire qui aboutit à 1830. Il avait vu Merle, Etienne et Michaud, il n'a pu ignorer que Lamartine était un grand poète.

C'est en 1830 qu'il s'éteignit !

Son bagage est léger, mais ce sont, dit-on, les meilleurs pour ne pas faire chavirer ta barque, ô nocher des morts !

Il a fait de tout : des pièces, des journaux et des complaintes. Il a écrit et il s'est battu ; il a soutenu et renversé des ministères. La chute du cabinet Polignac fut un coup de foudre pour lui, il ne s'en releva pas.

Ainsi devait finir Martainville, — comme Richelieu, qui ne vit pas la Révolution et ferma paisiblement ses yeux en 89.

Les hommes d'esprit s'escamotent.

VII

CHODRUC-DUCLOS

Les vrais peintres de Chodruc. — Chodruc à Bordeaux. — Mme Latapie et le Grand-Théâtre. — Une affaire. — Un Duel pour M. de Peyronnet. — La redevance des Cafés. — Une affaire en Vendée. — Duel avec un Larochejacquelein. — L'homme à longue barbe. — Les vers de Méry. — Le Logis de Diogène. — Les mains propres. — Un Bain forcé. — Une querelle avec les Gardes-du-Corps. — Proposition de la Police. — Un citoyen *recommandable*. — *Ça n'est pas mon opinion*. — L'affaire Hubbi. — C'est fort de café. — Bâton. — Chodruc habillé. — La rue Pierre-Lescot et la rue de la Lanterne. — La Brosse de Chodruc. — La petite Fille. — Le Jeu. — La dernière Nuit de Frascati. — Un coup de Pistolet. — L'eau filtrée. — Sur le Parapet. — Ce qu'a vu Duclos en dix-huit ans. — Le refus du Poêle. — Le froid et la faim. — Trois mille lieues.

I

Deux peintres ont retracé la misère et les haillons sous un nouveau jour : l'un est Callot, ce fier enfant de la Cour-des-Miracles; Callot, le premier des bohêmes; Callot, qui a connu le grand Coësre, qui a ramassé dans la boue son sceptre tombé, ses oripeaux et sa couronne de carton; — l'autre est Goya. le Castillan fougueux, le satiriste de la rue, l'homme des *toreros* et des filles de joie, le grand caricaturiste de Charles IV.

Callot s'est rué de toute la puissance de son génie sur le Paris de Louis XIII; il en a compté les plaies, les larcins et les égouts avec une incroyable fureur; il a cousu des paillettes d'or au bas de la robe des truands et des malandrins, comme pour narguer ces rois de la fange; il a fait passer sous leurs manteaux éraillés de formidables épées; tous ses héros semblent attendre de plein-pied quelque provincial au Pré-aux-Clers.

Goya s'est complu, tout au contraire, à renchérir encore sur la misère; ses pauvres sont des lépreux, ses mendiants effrayeraient un infirmier d'hospice, ses voleurs aux vestes d'amadou tombant en lambeaux vous donnent envie de leur faire l'aumône.

Rassemblez maintenant Callot et Goya, et soumettez leur peinture à l'alambic : vous aurez Chodruc-Duclos.

Non que celui-ci ait été peintre, — grand Dieu! — mais jamais misère plus parlante de spectre n'a étonné cette capitale, jamais un plus singulier contraste de politesse et d'ignominie ne s'est rencontré.

Homme de plaisir, homme élégant, et même homme à bonnes fortunes, Chodruc avait été tout cela à Bordeaux ; ce don Juan du Midi avait eu son temps.

Sa figure n'avait pas été toujours hâve et morne, sa chevelure inculte, sa barbe hérissée comme celle d'Ahasvérus...

Il avait bu à toutes les coupes du plaisir, il avait mené des carrousels et des fêtes, il avait aimé d'une égale fureur le vin, les femmes, le jeu. Le tir et les salles d'armes, il les avait fréquentés, comme le théâtre et les tavernes, — pour complément, enfin, il avait été lié avec un homme qui devint plus tard un homme d'État.

A Bordeaux, sa ville natale, il est passé aujourd'hui à l'état de légende, comme à Paris, où il était connu sous le nom de l'homme à la longue barbe.

De quelle époque date un pareil homme, à quels exercices du corps ou plutôt à quelles circonstances dut-il sa réputation, c'est là ce qu'il importe de fixer, ce Diogène d'un nouveau genre ayant promené dans tout Paris et sur son dos l'écriteau de sa vengeance.

Car ce fut une vengeance que cette seconde période de vie de Chodruc le spadassin ; il en voulait surtout aux gens qu'il avait connus et de quiil espérait *son avenir*, — nous verrons à quelle occasion.

Parlons d'abord de ses exploits à Bordeaux :

Exploits à la façon de ceux de Mandrin, dîmes prélevées sur le joueur imberbe qui abordait les cartes et la partie dans un café, car c'était là surtout que trônait Chodruc, pour peu qu'il eût une chemise et un mouchoir, il y était roi ! Le secret de la pierre philosophale, il semblait l'avoir, il dépensait et il empruntait à toutes mains ; la facilité avec laquelle on lui prêtait dans les commencements le rendit vite insolent.

A la porte du café du Commerce, par

exemple, il ne manquait jamais de contester le droit d'un cocher pour faire savoir à tout le monde qu'il n'était pas venu à pied ; il le rouait même de coups au besoin.

C'était, par instants, un Moncade d'assez bon air.

Son imagination plaisante, ironique, féconde en incidents surtout, procédait en droite ligne de Casanova et des chevaliers de l'ancienne comédie; monté bien vite, et par ses vices seuls, dans le monde de la noblesse, il se vengeait par son franc parler du malheur de n'être pas *né*.

Son père, notaire à Bordeaux, ne se doutait guère de la route que suivrait son fils; la poussière des dossiers convenait peu à Chodruc, qui débutait, du reste, dans la vie par voir monsieur son père, madame sa mère faire un très-mauvais ménage et se séparer juridiquement de corps et de biens.

Contraint de fuir sa ville natale, il est élevé chez le curé de la Réole, un oncle à lui, qui était à la fois prédicateur et médecin; il n'y prit guère soin des intérêts de son âme ni de son corps; chaque jour, il se gourmait avec les *bleus* de dix à douze ans, qui jouaient déjà à la petite guerre entre eux. Le capitaine Chodruc, tel était le titre qu'il s'était donné, frappait ferme et dru dans ces escarmouches d'enfants, il avait la main si large!

C'est de cette même main que les Bordelais devaient dire dix ans plus tard en voyant Chodruc donner le bras à madame Latapie, la directrice du Grand-Théâtre : C'est La Tape et Latapie!

Cette madame Latapie, très-belle personne, avait trouvé Chodruc à son gré, il lui prêtait l'appui de son épée au besoin, son théâtre était devenu son champ clos.

Il apprend un jour, au Café du Théâtre, que les loges 42 et 44 sont retenues par la bande jacobine, qui opprimait alors Bordeaux; il se met sur son *trente et un* et va chercher dispute à trois citoyens connus pour ne pas se moucher du pied. Querelle, mots échangés.

D'un bras vigoureux, Chodruc prend l'un des malins par le milieu du corps, le lève au-dessus de la loge et le balance en criant : Gare la-dessous !

Sans l'intervention d'une femme qui se suspendit à l'autre bras de Chodruc, le malheureux était mort ; ses camarades n'avaient pas demandé leur reste !

Ce théâtre de Bordeaux, chef-d'œuvre de Louis, était devenu bien vite la vraie maison de Chodruc-Duclos; il y trônait, il y prononçait ses oracles. Nouveau Jupiter, il foudroyait l'acteur en tournée ou le prenait sous sa protection. Il fallait passer sous son fleuret pour réussir. C'était le *muscadin* par excellence, l'homme des repas coûteux, des bals brillants, des nuits copiées sur celles de Paris ; il applaudissait à tout rompre les vaudevilles royalistes de M. de Martignac, et malheur à qui les eût trouvés mauvais ! il eût passé par ses mains ! Chodruc, jeune encore, s'était battu dix-huit fois en duel et toujours avec bonheur, quelquefois avec générosité.

Il croisa le fer un jour pour M. de Peyronnet, qu'un drôle avait appelé *faquin*, et il prit M. de Peyronnet lui-même pour second. Celui-ci ignorait complétement le motif de la rencontre ; il croyait que Chodruc s'alignait pour son propre compte.

Une fois, se battant avec un capon, qui avait résolu de se laisser désarmer toujours dès que le fer serait croisé, il prit une pierre de la main gauche, et lui dit qu'il la lui jetterait à la figure s'il laissait tomber son fleuret.

— Imbécile! racontait-il lui-même à ce sujet, il n'a pas voulu me croire! Il a maintenant une énorme entaille au nez, tandis qu'il en eût été quitte pour une saignée au bras!

Les cafés de Bordeaux payaient une redevance à ce terrible Mécène; il fallait le voir y réglementer le jeu, depuis les négociants de la Teste jusqu'aux merveilleux de Paris.

Il se passait là d'étranges choses..

C'était quelquefois un *bon* de Fouché qui arrivait et qui *délivrait* à propos l'adversaire à qui Chodruc venait de râfler son argent, tantôt c'étaient des démentis lancés à brûle-pourpoint et que notre héros relevait de toute la vigueur de son épée... Il advint qu'un beau jour Fouché voulut voir Chodruc; il paraît que Chodruc et Fouché ne purent s'entendre... La conclusion fut que l'on transféra l'ancien muscadin bordelais à Bicêtre.

Il y resta peu, et s'enfuit courant jusqu'en Vendée.

Dans des Mémoires que nous avons tout droit de croire apocryphes (1), se place vers cette époque la relation d'un duel que Chodruc aurait eu avec un Larochejacquelein — (quel Larochejaquelein d'abord?)

C'est ainsi que les auteurs des Mémoires font parler Chodruc (2) :

« Un roturier comme moi ne s'efface pas devant l'épée d'un Larochejacquelein; je ne crois pas à la noblesse qui outrage l'homme de cœur.

---

(1) Ces mémoires, en deux volumes, sont de MM. Jacques Arago et Edouard Gouin ; ils ont été publiés en 1843.
(2) Tome 1er, page 309.

» Il y eut cartel accepté.

. . . .

» Le duel eut lieu debout, duel acharné, duel à mort entre le noble et le roturier. Le roturier tua le noble : de L... fut tué par Duclos.

» Ceci n'est point une vanterie, c'est *une réminiscence douloureuse.* »

Chodruc-Duclos — toujours dans les mêmes Mémoires — ajoute qu'après ce duel funeste il ne lui fut pas possible de rester dans l'armée du roi; il ne voulait pas être témoin des larmes et des regrets que la mort d'un Larochejacquelein faisait naître chez ses concitoyens et amis.

Nous renvoyons le livre et ses assertions à M. le marquis Henri de Larochejacquelein; mieux que nous il peut y répondre.

Jusqu'ici, pour nous, rien n'est moins prouvé que cette anecdote. Les auteurs citent bien un sergent nommé Romeu qui aurait voulu arranger l'affaire. Chodruc aurait dit :

— Je ne hais pas L..., je l'estime, je le vénère, mais s'il ne me descend pas, je le descendrai (1).

M. de Peyronnet passait, lui, pour un des forts tireurs de Bordeaux ; Chodruc l'avait connu ; il se présenta chez lui dès qu'il fut nommé ministre.

Dans la pièce des *Compagnons de Henri V* se présente ainsi Falstaff :

— Vieillard, lui dit le prince anglais, qui es-tu ?

— Ton ancien ami, Falstaff.

— Toi ?

— Sans doute.

— Ah ! reprend Henri, j'ai connu jadis un vieillard qui te ressemblait : tu as peut-être

---

(1) Tome I, page 313.

raison. Je l'ai connu ami des tavernes, du bruit et des jolies filles. Mais, vois-tu bien, je l'ai oublié. Laisse-moi passer, vieillard!

Nous ignorons si M. de Peyronnet parla ainsi à Chodruc, si on lui avança une bergère et quelques écus sur les fonds publics, ou si on le jeta à la porte ignominieusement.

Car la fortune et les flots sont changeants!

Toujours est-il que, se croyant fondé à médire du ministre des sceaux, Chodruc, avait refusé un emploi dans les eaux et forêts, puis un emploi plus lucratif dans la police... En un instant, il se résout à abdiquer en lui l'homme du Directoire, de la Terreur, de l'Empire et de la Restauration. Il ne veut plus se souvenir de rien, ni de Bordeaux, la grande ville, où il se fût élevé un bûcher comme Sardanapale, ni de madame Latapie, sa folle odalisque, ni même de la police, qui l'a traqué et à laquelle il s'est tant de fois soustrait (1) ! Il va adopter une vie à part, une vie de Diogène, de cynique. Il se promène en haillons, ces haillons qu'illustrera le fer rouge de Méry :

> C'est l'archange déchu, le Satan bordelais,
> Le Juif-Errant chrétien, le Melmoth du palais!
> Jamais l'hermite Paul, le virginal Macaire,
> Marabout, talapoin, fakir, santon du Caire,
> Brame, guèbre, parsis adorateur du feu,
> N'accomplit sur la terre un plus terrible vœu.
> Depuis sept ans entiers, de colonne en colonne,
> Comme un soleil éteint ce spectre tourbillonne.
> Depuis le dernier soir que l'acier le rasa,
> Il a vu trois Véfour et quatre Corazza !
> Sous ses orteils chaussés d'éternelles sandales,
> Il a du long portique usé toutes les dalles.
> Être mystérieux, qui d'un coup d'œil glaçant,
> Déconcerte le rire aux lèvres du passant !

(1) Ce fut M. Pierre-Pierre, préfet de police à Bordeaux, qui y arrêta Chodruc dans les circonstances suivantes :

On avait effrayé souvent ce magistrat en lui parlant des difficultés d'une arrestation pour Duclos-Chodruc. Au bout des allées Tourny, M. Pierre-Pierre se présente à lui tout d'un coup et lui montre deux pistolets chargés, au moment où Chodruc se baissait pour ramasser la tabatière d'or que celui-ci avait laissé tomber exprès.

C'est à cette période nouvelle de la vie de Chodruc-Duclos que se rattache, surtout pour nous autres contemporains, sa célébrité ! Duelliste, il y rencontra encore trois duels ; c'est aussi là que la faim, qui l'avait miné, le tua.

. . . .

. . . .

Il habitait alors, rue Pierre-Lescot, 22, le logis où il fut transporté mort. — Nous y reviendrons plus tard.

Un jour, Chodruc eut faim et il ne trouva rien à manger; le lendemain et le surlendemain ce fut de même... Un rayon de soleil brillait, il sortit.

Tendre la main, mendier, arrêter le passant pour lui expliquer sa misère; le harceler, le suivre jusqu'à ce que, cédant à cette importunité, il se laisse arracher l'aumône, quelle vie pour un homme aussi frivole autrefois qu'Alcibiade! pour un viveur sortant de s'entendre nommer Lucullus!

Telle fut cependant la seconde vie de Chodruc, de cet homme à qui le Palais-Royal ouvrit ses mille issues, comme à la misère en grande livrée...

Un tel vagabond n'avait rien des autres, il ne quêtait ni ne demandait comme eux, il avait l'air humble, les yeux baissés, il regardait les trous de ses bottes éculées, il tendait seulement la main en vous frôlant de ses haillons; c'est ainsi qu'il faisait; nous l'avons vu, nous lui avons donné l'aumône vingt fois.

Un chapeau sans nom, un col noir montrant la corde, une redingote fermée par des ficelles pour dissimuler la chemise absente, un pantalon frangé de boue et de déchirures, et avec cela, chose étrange! des mains très-propres, voilà l'homme. Chodruc avait pour ses mains une sorte de vénération ; il faisait ses ablutions matinales ni plus ni moins qu'un sectateur du Prophète (1).

Mais cette figure, cette figure cruelle, glacée, sarcastique! ce rire éteint, ces joues maigres, cette barbe inculte et ces mains derrière le dos !

— Voilà Croquemitaine! disaient les bonnes d'enfants en le désignant du doigt à leurs marmots, il vous prendra si vous n'êtes pas sages.

— Voici l'ancien ami de Peyronnet, murmuraient entre eux des Bordelais sortant de Véfour leur cure-dent à la bouche.

Il était souvent en butte à des plaisanteries grossières.

---

(1) Son hôtesse — et quelle hôtesse! — a déposé elle même dans l'un de ses procès (1838), qu'il la ruinait en pot d'eau pour *sa toilette.*

Des gamins qui affectaient de le suivre lui mirent un soir un bouchon de paille au collet; ils marchaient au pas derrière lui en chantant l'air de *Larifla*.

Diogène prit la mouche, il saisit le plus fort et le plus grand, le chargea sur ses épaules, et lui donna un bain dans la pièce d'eau du jardin.

On fit quelque bruit, avant 1830, d'une querelle plus sérieuse de Chodruc avec des gardes-du-corps, par lesquels il se serait cru insulté : rien n'est moins prouvé que cette anecdote.

Avant 1830, Chodruc-Duclos ne gênait en rien la police; qu'en eût-elle fait? A quel propos surtout des gens aussi bien élevés que MM. les gardes-du-corps l'eussent-ils raillé? Le camarade ancien, l'ex-ami de M. de Peyronnet, avait fait ses étapes dans la Vendée, les haillons ne pouvaient faire oublier le soldat; jamais d'ailleurs misère ne fut moins agressive que celle de cet homme, — un fou d'Athènes.

Après 1830, ce fut tout autre chose.

A tort ou à raison, le gouvernement d'alors crut qu'*acheter* Chodruc (ne fût-ce que pour peu de jours), ce serait là chose utile : Chodruc ne devait pas faire mal après le roi-citoyen et les barricades, — au besoin, il pourrait peut-être parler aussi bien que la Fayette. Ces héros, déguenillés la veille, formeraient un beau cortége à l'homme à la longue barbe... Et puis, on allait traduire M. de Peyronnet devant la chambre des pairs, et de quelle importance n'eût pas été la déposition de cet homme dans le jugement des ministres! Des ouvertures furent faites à Chodruc; il les repoussa avec hauteur. Un citoyen *recommandable*, il l'a raconté vingt fois, lui promit même dix mille francs qu'il lui montra, s'il le mettait sur la voie de la retraite de M. de Peyronnet ; Chodruc répondit qu'il ne mangeait pas de ce pain-là (1). Il fit plus, il quitta, un mois durant, les galeries du Palais-Royal pour échapper aux propositions et aux demandes. Dans l'idée de Chodruc, trahir M. de Peyronnet, savoir le secret de sa retraite et le vendre, c'eût été ravaler le poëme de sa vengeance.

Le dégoût qui prenait Paris à la gorge après 1830, — la curée des places si admirable-

---

(1) Il a toujours désavoué également un mot féroce d'esprit qu'on lui a prêté aux trois journées de 1830. Au moment le plus vif de la fusillade auprès du Palais-Royal, il aurait dit, prétend-on, à un gamin, qu'il voyait ajuster un Suisse :

— Tu n'y entends rien, donne-moi ton arme.

Et saisissant le fusil, il aurait ajusté, puis tué le garde-suisse.

Alors, rendant son fusil au gamin, Chodruc lui aurait dit :

— Voilà comme on vise, moutard ; à présent reprends ton arme, si je ne continue pas, *c'est que ce n'est pas mon opinion.*

ment signalée à l'opinion par Auguste Barbier (1), — les volte-face de tous les fonctionnaires de la veille, — et enfin l'assassinat impuni du prince de Condé, ce spectacle hideux, cynique, était-il fait pour convertir Chodruc? A cette pourpre tachée de sang et de boue, il préféra ses haillons ; il ne demanda pas même la croix de Juillet pour avoir tué *son* Suisse.

C'était surtout au café Lemblin qu'il se payait alors une demi-tasse (les jours de fête). Ce fut là aussi qu'il rencontra une affaire curieuse.

Un matamore de Bordeaux, nommé Hubbi, se trouvant à moitié ivre dans ce café, se vanta d'envoyer Chodruc par-dessus la galerie Beaujolais, ne voulant pas, disait-il, qu'un homme de Bordeaux pût déshonorer

---

(1) Les *Iambes*.

ainsi sa ville. Il gagea qu'à sa première entrée au café Lemblin, il lui ôterait son chapeau et le jetterait par la fenêtre (le chapeau, non pas Chodruc).

Précisément, Chodruc entrait sur la fin de ces paroles; il en entendit même une partie.

Il s'asseoit et se fait servir tranquillement deux demi-tasses (Ce jour-là il avait 1 fr. 50 c.)

— Chodruc a-t-il hérité? se demandent les garçons.

— Attendrait-il un invité? Peyronnet peut-être.

Les deux tasses sont versées...

L'autre avance sur la pointe du pied et veut lui prendre son chapeau. Chodruc saisit sa tasse brûlante de moka et la lui envoie au visage.

En même temps, et avec une prestesse

inouïe, il s'empare de l'autre tasse et force le malheureux à l'avaler.

L'autre criait comme un brûlé.

— Si monsieur Hubbi n'est point satisfait, reprit Chodruc, nous pouvons recommencer.

Les tortures de Guatimozin peuvent rendre seules celles du supplicié de Chodruc. Les abonnés l'entourèrent.

— Si j'ai poussé ma vengeance un peu loin, messieurs, c'est que ledit Hubbi ne se contente pas d'être un mauvais drôle, qui se croit fort pour s'être battu avec un pauvre étudiant, qu'il a tué, c'est encore un espion, que je trouvais partout, à Bordeaux, sur mes talons. Il sait où je demeure, adieu !

Le lendemain, de bonne heure, Hubbi, furieux, essayait de sonner à la porte de Chodruc, 22, rue Pierre-Lescot, mais la sonnette en question n'avait pas de grelot.

Il frappa rudement, une voix lui cria :

— Entrez !

C'était Chodruc qui était en train de déménager, parce que sa propriétaire, il venait de l'apprendre, voulait le *montrer* comme une bête curieuse à deux Anglais.

— Qu'ils ne s'avisent pas de monter ici, s'écriait-il dans sa colère, je les hacherais comme ce jambon, les *goddem*.

Il brandissait encore son couteau sur la mince feuille de papier où était son jambon, quand Hubbi parut au seuil de la chambre.

La rage de Chodruc s'apaisa ; il partit d'un sublime éclat de rire.

— Voilà l'homme *incombustible*! dit-il à son hôtesse ; madame Thibaut, observez ce gaillard-là. Il prend son café si chaud, si chaud, que vos deux Anglais paieraient pour le voir, celui-là.

— Trêve de raillerie, monsieur Duclos,

dit Hubbi entre ses dents, j'ai un fiacre en bas, marchons.

— Vous voulez vous battre?

— Sans doute. Avez-vous oublié la scène d'hier?

— Et votre gosier s'en trouve-t-il mal?

Pour toute réponse, Hubbi passa le premier la porte et descendit; il avait deux témoins d'assez méchante mine dans son fiacre.

— Pour votre gouverne, je vais à pied, messieurs, dit Chodruc, mais, rassurez-vous, je marche bon train. Vous avez des armes?

— Vous les verrez tout à l'heure au bois de Boulogne. Le rendez-vous est Porte-Maillot. A dix heures!

Un rire sardonique accompagna ces paroles. Le cocher fouetta ses chevaux dans la direction du café Lemblin, où quelques amis d'Hubbi l'attendaient.

Chemin faisant, Chodruc se repentait de ne pas avoir emmené de témoins.

— Bon ! je prendrai les deux garçons de Gillet, le restaurateur à la Porte-Maillot, ce sont dit-il, deux *pays*, ils me connaissent.

Arrivé sur le terrain, il fut très-surpris de ne pas y trouver encore son adversaire.

Son attente ne fut pas longue ; il vit Hubbi descendre de voiture avec ses deux acolytes, ils avaient en main un sac énorme.

— Voudraient-ils me mettre là-dedans ? pensa-t-il, ce serait un escamotage auquel je m'opposerais.

Hubbi s'avança vers Chodruc d'un air narquois.

— A Bordeaux, lui dit-il, tu étais assez riche pour te payer des épées... aujourd'hui, nous voulons t'épargner de la dépense, regarde !

Et il fit signe à ses deux amis d'ouvrir le sac.

Il contenait deux bâtons...

— Choisis le tien, dit Hubbi, c'est au bâton que nous allons nous mesurer. Le bâton, c'est bon pour toi !

Et, saisissant l'un des gourdins, il s'apprêtait à le lever sur Chodruc, quand celui-ci, s'armant du fouet du cocher, cingla la figure à l'insolent de façon à le rendre méconnaissable ; ses nobles amis avaient pris le parti de s'enfuir ; ce furent les deux garçons de Gillet qui le ramenèrent à son logis.

La leçon avait été bonne ; seulement Chodruc y avait mis tant de feu que les découpures de son pantalon le réduisirent presqu'à nu ; il fut obligé d'en emprunter un au restaurateur.

Il eut aussi un jour affaire à un voleur très-émérite de Bordeaux, qui, ne pouvant rien lui prendre, avait lié conversation avec lui. Chodruc ne le reconnut pas d'abord, mais graduellement il se rappela alors ses traits. C'était un nommé Truchet qui avait débuté à son encontre par *le vol au duel*, ingénieuse invention qui consistait pour lui à s'offrir d'abord comme témoin dans une rencontre quelconque qui devait avoir lieu à l'épée. Truchet discutait la parité de longueur des épées ; il y trouvait toujours quelque chose à redire ; bref, il finissait par mettre les épées sous son bras, et partait *pour les changer...* On l'attendait une demi-heure, une heure, à la fin les combattants s'avouaient eux-mêmes dupes de la mystification. Truchet revendait à un armurier les deux épées de combat.

Ce fut au *chausson* que Chodruc se vengea sur les épaules de Truchet, et il se vengea solidement. La galerie se composait de professeurs et d'élèves de premiere force. Le même Truchet vint révéler, peu après les trois jours, à Chodruc, la retraite de M. de Peyronnet, lorsque M. de Polignac venait d'être saisi à Granville, déguisé en charretier. La réponse de Chodruc fut un soufflet.

— Apprends que j'ai un bras pour me battre et jamais pour arrêter, lui dit-il. J'ai été l'ami de Peyronnet, j'ai à m'en plaindre, mais pour assurer sa liberté je donnerais encore ce qui me reste de vie.

Le vrai roi du Palais-Royal était donc ce Titan découronné.

Il avait eu l'éclat, la séve, la jeunesse; il avait étonné Bordeaux par une foule d'aventures. Son cœur avait trouvé peu de cruelles, son épée peu de vainqueurs. Aujourd'hui la barbe épaisse, l'œil morne, il regarde la sébile pleine de louis d'or du changeur Joseph, les chaînes de turquoise et d'émeraudes agrafées aux vitraux des bijoutiers, il a renoncé aux bottes pour des sandales, à la cravate pour une corde !

Un jour, cependant, il y eut un étonnement général dans ces arcades où la foule indifférente passe et repasse ; les vêtements de Chodruc venaient de subir une transformation visible, Diogène n'était plus Diogène ; il avait un chapeau et une redingote passables. Tout l'art de son désordre l'avait quitté, il portait une chemise !

Chodruc-Duclos n'était plus un spectre, unépouvantail, un fou, c'était un bourgeois comme les bourgeois de 1838 ; il ne lui manquait qu'un parapluie !

On ne se fit faute d'attribuer ce changement à vue à la police d'alors ; la police ne devait pas souffrir qu'un cynique pareil se promenât dans ce qu'il appelait *son* palais.

Par quel coup de baguette se trouvait-il donc métamorphosé ?

Chodruc avait-il cru que l'on ferait moins d'attention à lui dès qu'il porterait le costume de tous? Au mois de juillet 1838, il venait de se voir traduit en justice; on lui avait infligé 16 francs d'amende et un mois d'emprisonnement; cela avait dû mettre de l'eau dans son vin. Un secours inattendu qui lui parvint lui permit de modifier un peu sa toilette; mais Chodruc, en frac acheté au Temple, était gêné, il ne se reconnaissait plus, il semblait à cet homme étrange qu'il eût manqué à son vœu. Il reprit bientôt ses chères guenilles; seulement il ne mendiait plus, il se contentait d'un coup d'œil jeté en passant à ses habitués du Palais-Royal, qui lui tendaient leur pièce dans une de ces mille et une allées qui servent de passages; il avait alors donné sa pratique de charcuterie au marchand établi de la veille, rue Richelieu, près de la fontaine Molière. Dans les grands jours, deux plats de côtelettes de porc frais ; le reste du temps, quelques œufs chez la fruitière. Il rentrait chez lui sur les onze heures du soir saluait son hôtesse, prenait son cinquième de chandelle, et jetait silencieusentent sur la table une pièce de vingt sous avant de grimper à son taudis.

Ce taudis, — par la plus bizarre coïncidence, — un poëte de nos jours l'a vu ; il y a mieux, il l'a habité une nuit !

La fin de ce rêveur, l'un de nos plus chers, de nos plus regrettables amis, a été lugubre : la rue de la Lanterne et la rue Pierre-Lescot, quel rapprochement !

Gérard de Nerval m'a conté, en 1846, qu'il lui avait pris envie, dans l'une de ses promenades noctambulesques, de coucher dans un garni de la rue Pierre-Lescot ; il tomba précisément sur celui qu'avait habité Chodruc, le n° 22 ; on le logea dans une chambre sans rideaux, une chambre froide et nue. Gérard y dormit, un poëte n'y regarde pas de si près. Le lendemain, en se levant, il s'enhardit jusqu'à demander une brosse, une brosse pour ses habits. Une jeune fille, — celle de l'hôtesse, — vint lui dire qu'on n'en prêtait jamais dans la maison ; Gérard sourit ; il ouvrit sa bourse, il lui donna ce qui lui restait, quatre sous ! Quatre sous ! l'aumône du poëte !

La petite attachait sur Gérard ses grands yeux bleus, elle devina bien vite que ce n'était pas un habitué.

— Maman me grondera, lui dit-elle, tant pis, mais je vais vous prêter la nôtre, c'est celle de M. Chodruc !

Elle courut et revint tout essoufflée...

Gérard vit alors quelque chose d'indescriptible, une brosse éreintée, fourbue, où le chiendent, par touffes rares germait encore çà et là, elle était usée par le frottement à son manche, — c'était la brosse de Chodruc !

Celle avec laquelle il avait, dix-huit ans entiers, frotté, nettoyé ses hardes disjointes !

Une brosse pareille eut dû se voir payée par quelque lord excentrique...

Gérard eut une envie folle de l'acheter, mais à ce désir s'opposait d'abord sa bourse, dont les toiles se touchaient ; puis la petite fille qui tenait énormément à ce meuble... le seul qu'eût laissé Chodruc à madame Thibaut, son hôtesse !

— Maman ne l'a jamais prêtée à personne, ajouta-t-elle à Gérard ; vous êtes le premier !

Gérard embrassa l'enfant, une larme avait

coulé de ses yeux. La misère appelle la pitié, et qu'est-ce que la pitié, sinon un retour sur nous-mêmes ?

Ici se présente encore une question.

Chodruc avait-il aimé pendant cette seconde période de sa vie, ou plutôt avait-il rencontré comme Quasimodo une autre Ésmeralda. Rien n'a transpiré sur cette tombe vivante, sur ce trappiste acharné. Il y eut peut-être une éclaircie dans ce ciel noir, une femme, — les femmes sont anges ou démons, — veilla peut-être un jour sur cette misère implacable, ce suicide lent mais résolu.

Au nombre des privations les plus poignantes de cette nature méridionale à l'excès, celle de ne plus jouer doit passer en première ligne.

Il aimait, il avait aimé le jeu de passion : s'il ne pouvait plus se montrer à Frascati, si on n'y eût pas admis un pareil joueur en raison de sa toilette, en revanche, accroupi souvent comme un sphinx auprès de la porte d'entrée, on le voyait, cet homme, écrasé sous le poids des souvenirs, tourner et retourner machinalement entre ses doigts livides et décharnés la pièce de monnaie qu'il avait pu se faire dans sa journée. Il ressemblait à l'un de ces fantômes du Dante, accomplissant sa damnation avec un amer sourire.

Une nuit cependant, il se faufila dans ce Frascati comme tout le monde, mais cette nuit là, le glas du Jeu avait sonné, Chodruc assistait à sa suprême agonie.

Il y était, il l'a dit, il a vu le dernier quart d'heure de probité des employés de M. Bénazet, les larmes données au creps, les *novissima verba* des croupiers à la roulette ! C'était déchirant, mais pour un joueur comme lui, déshérité de tout, c'était gai, Satan dut rire ce soir-là !

Il y eut cette même nuit un pauvre diable de voleur qui, voulant réaliser d'un coup sa fortune, inventa de prendre à la lettre ce mot : « *Faire sauter la banque*.

Armé d'un pistolet dont il lâcha la double détente sous la table même du tapis vert, il causa une rumeur inouïe parmi les pontes, chacun s'empressait de retirer son enjeu, quelques-uns même celui du voisin, quand l'autorité vint contenir cette panique par sa présence.

Le jeu fermé, Chodruc respira, il était débarrassé d'un grand regret, celui de ne plus pouvoir jouer !

A cette époque, il avait repris ses allures habituelles ; il se levait entre deux et trois heures de l'après-midi, arpentait *son* palais après un maigre déjeuner, et continuait jusqu'à six heures sa promenade de paria... Été comme hiver, il prenait ce bain qu'aujourd'hui on nommerait un bain russe, il s'épongeait avec de l'eau filtrée dans l'étroit repaire où il vivait. Mais la main de la Douleur avait déjà rendu chaque jour ses joues plus osseuses; cette eau, cette ablution quotidienne de son corps, il la payait souvent au détriment de sa faim. Ces jours-là, il fuyait le Palais-Royal, il passait les guichets du Louvre et se mettait à considérer la Seine... Je l'ai vu vingt fois accoudé sur le parapet du Pont-Royal, suivre d'un œil atone ces diverses teintes du fleuve... Il mesurait peut-être la hauteur du pont où tant d'autres se sont *jetés!*

Hélas! rien qu'en récapitulant ses dernières années, que de choses n'y eût-il pas trouvées, ce sinistre philosophe! La révolution de Juillet, le meurtre du changeur

Joseph, l'assassinat odieux du prince de Condé, Simon Deutz s'entendant avec un lâche ministre et recevant de lui le prix de la vente d'une femme, Hégésippe Moreau mort à l'hôpital, et en revanche la moitié des gens de lettres décorés par M. de Salvandy! Voilà ce qu'il lui avait été donné de voir, sans compter les lois de septembre qui valaient bien certes la *loi d'amour* de M. de Peyronnet?

Aussi, sur la fin, ne demandait-il qu'à mourir, ce sublime délaissé... Il avait commencé par la cravate de Brummel, il allait finir peut-être par Clamart ou par la Morgue... Sa chambre à coucher, c'était la borne, son baldaquin de lit le parapluie d'une fruitière, il ne marchait pas, il glissait; est-ce que les sandales de lisière font jamais du bruit?

Mais l'ingratitude, la honte, la misère, tout cela lui mordait le cœur.

Un soir d'hiver qu'il avait respiré pour tout repas les parfums culinaires des Véfour et des Véry, il rentra morne, épuisé! on venait de lui refuser brutalement, — on n'a jamais su pourquoi, — le droit de se chauffer au poêle du Café de Foy, droit dont il usait pour se dégourdir et lire en paix les journaux, il se leva et s'en fut vers le marchand de marrons au coin de la rue...

L'enfant de l'Auvergne pliait alors sa boutique, et son feu était éteint. Chodruc hocha la tête ; il tira de sa poche un morceau de pain bis et regagna tristement son gîte... La neige tombait à flots, il prit sa chandelle et remonta. La nuit, il eut faim, si faim, qu'il descendit et demanda à manger à la petite fille de madame Thibaut; mais, soit que cette enfant dormît, soit qu'elle n'osât réveiller sa mère, soit enfin qu'il n'y eût rien dans cette pauvre maison. Chodruc remonta sans avoir été entendu.

Le lendemain matin, il se traîna de bonne heure jusque chez un marchand de vin de la rue Saint-Honoré, n° 221, il y allait mettre à ses lèvres une bouchée de pain, quand il tomba frappé d'apoplexie...

— Le froid et la faim, dit un médecin qui passait, je connais ça!

. . . .

Un mot de sa façon de tirer.

Dès le début, absence d'épée. Chodruc avait pour garde l'épée basse sur la cuisse, et se couchait à moitié en arrière. On eut dit un géant qui se fait nain.

Il attendait, il guettait...

Sa prestesse était prodigieuse, il tirait de pied ferme et déconcertait surtout les mauvais jeux par une célérité inouïe à la parade de seconde. Contester l'avantage d'une haute stature est impossible, c'était là surtout la force de Duclos. La conservation, la défense de la vie, — il méprisait ces mots —là,— le terrain n'était pour lui qu'une vraie salle, où il démontrait en *professeur*, avec des idées géométriques. Aujourd'hui où l'on travaille tant la vitesse, on eût été ébloui, au dire des contemporains, de celle de Duclos.

Un document curieux, retrouvé, dit-on, dans les poches de son habit, c'était un papier gras, froissé, maculé, la liste de ses duels tant à Bordeaux qu'à Paris.

Elle eut jeté un grand jour sur cette notice...

Ce qu'il y a de sûr, c'est qu'il n'y eut jamais d'activité pareille à celle de Chodruc-Duclos. Il arpenta près de vingt ans le Palais-Royal et ses alentours, il était sûr d'avoir fait, — c'est lui-même qui en donnait le compte au café Foy, — TROIS MILLE LIEUES PAR AN !

Le Juif errant est le seul, en ce dernier cas, qui aît dû lui serrer la main dans l'autre monde !

VIII

FAYOT[1]

La révolution et le duel. — Duel au pistolet. — L'opinion de Grisier. — Portrait de Fayot. — Le duel de Saint-Marcelin. — Un provincial. — Deux témoins. — traversée du Rhône à la nage. — La chartreuse. — Une lectrice. — Les oiseaux. — M. Saint-Marcelin. — Un jeune homme de province. — Un tailleur et un bottier. — Un drame qui finit en vaudeville.

I

A certaines organisations il faut la sève, la vie, l'exubérance entière des facultés; —

[1] Cette histoire commence la série précieuse des contemporains.

il est nécessaire à quelques hommes de marcher, d'agir autrement que tout le monde ; ils sèment des troubles, des terreurs, des histoires étranges qui deviennent bien vite la pature des désœuvrés, des gobemouches et des nouvellistes. Ces gens-là deviennent la providence des *anas ;* ils posent, on les exagère; ils amènent bien vite un crescendo inouï, dans lequel il y a beaucoup à laisser et beaucoup à prendre ; la publicité s'en empare, parce qu'ils sont eux-mêmes devenus bien vite des hommes publics.

Tous les incidents de leur vie sont cotés ; on s'y accroche ; leur seule existence les désigne à l'attention comme à l'examen.

Ce ne sont pas des hommes ordinaires; loin de là, ce sont des natures qui se sont fait un plaisir de trancher sur la teinte neutre : elles ont dédaigné les mœurs douces, accommodantes; il leur faut presque une enseigne.

Et remarquons-le tout d'abord, ceci est plus tôt la faute de leur temps que la leur; ils vous font pour ainsi dire les honneurs de leur époque; ils auraient pu être les hommes les plus tranquilles et les plus bourgeois, mais le règne d'alors ne l'a pas voulu; ils ont été soumis à une atmosphère querelleuse et dévorante.

Donnez-leur sous le Directoire un habit brodé à boutons représentant les douze Césars, une culotte de casimir nankin, un gilet en damier et des bas de soie gorge de pigeon; ajoutez-leur les manchettes et le gourdin de petit maître, ce seront des *incroyables*. Le poing sur la hanche, ils vous tueront pour un mot, pour une épigramme de souper. Tyrans de café ou de ruelles, s'il leur prend fantaisie de vous demander votre opinion, songez-y bien ! ils la savent déjà rien qu'à vous avoir vu marcher ou secouer le tabac de votre jabot. Ils ont des fièvres ardentes, des ivresses et des colères. Ils rêvent la destruction, la tuerie à froid, c'est leur programme. Ce n'est plus le temps de la Fronde ou de la Régence, où l'on se battait pour la couleur d'un habit, pour un mot ; ce sont des gens nés sur les ruines de la Bastille, qui font de leur vie une lice ouverte, agressive ; ils dédaignent les histoires parfumées et les saillies anecdotiques. Fréquenter la salle d'armes assidument, tenir registre des nouveaux débarqués, rechercher trois à quatre rencontres par jour, telle est leur occupation.

Aux époques précédentes et au moindre mot, on mettait l'épée à la main, souvent le fer croisé suffisait à la réparation de l'offense ; jusqu'alors, l'épée avait été la seule arme permise dans les rencontres. La certitude d'être habile à défendre sa vie rendait un homme moins difficile sur les occasions de l'exposer. Le changement qui s'opéra sur la manière de se vêtir, sous le règne de Louis XVI, contribua beaucoup à introduire l'usage des duels au pistolet, combat qui n'a rien de noble ni de français dans la réelle acceptation de ce mot, lutte sauvage, où le courage ne peut suppléer à l'adresse. Dans cette passe d'armes, on est obligé souvent de tuer son adversaire sans défense, ou de se laisser tuer soi-même d'une égale façon.

C'est pourtant cette arme qui consolida la réputation de l'homme auquel nous consacrons ici quelques pages de souvenir, à ce sujet c'est pour nous une bonne fortune autant qu'un devoir de rappeler ce qu'un illustre professeur, notre maître à tous, Grisier, écrivait le 2 décembre 1829 au *Journal de Paris,* concernant cet usage anti-chevaleresque du pistolet qui, grâce à Dieu, commence à passer de mode. (1)

« Il n'appartient pas au caractère et à la loyauté d'un Français de tirer sur un homme que l'on doit regarder comme désarmé au moment où il reçoit le coup fatal. Les Russes et les Anglais se battent généralement au pistolet, mais ils n'en viennent à cette cruelle extrémité que fortement outragés dans leur honneur ou leurs plus chères affections. Pour nous, plus ardents, plus faciles à irriter, nous nous faisons trop légèrement un point d'honneur de prouver que nous ne le cédons à personne en fait de bravoure; mais, on doit l'avouer, ces sortes de com-

---

(1) C'était quelques jours après la rencontre au pistolet de MM. Mira et Dovalle : on sait que le dernier, un jeune poëte, succomba,

bats n'ont pas de milieu entre le ridicule ou l'horrible.

» Tous les médecins s'accordent à reconnaître qu'il est plus facile de sauver la vie à l'homme blessé par l'épée qu'à celui frappé d'une balle (1). »

II

La première fois qu'on me montra Fayot, nous dit le baron de C... dont nous tenons ces notes diverses, c'était sur le perron de Tortoni. Je le connaissais déjà de réputation et me le représentais comme Achille, le plus bouillant des Grecs, dès qu'il est insulté par le roi d'Argos. Mes idées sur le courage individuel étaient alors celles d'un jeune homme sortant du collége ; je rêvais Athènes

(1) Grisier, *les Armes et le Duel* (Avant-propos).

et Rome, où pourtant, lorsque Marc-Antoine défia Octave, celui-ci répondit, en refusant le cartel, qu'il existait assez de manières de mourir sans celles qu'on lui proposait.

Fayot était maigre, petit de taille ; son chapeau était écrasé de bords, il portait un habit vert à boutons d'argent ; il avait le regard fier. Ses moustaches étaient soigneusement lustrées mais hérissées comme celles d'un chat. Son cheval, — un cheval bai à rênes blanches, — l'attendait sur le boulevart ; il était tenu par un groom microscopique. La physionomie de ce duelliste, qui était encore à la mode, avait quelque chose de quinteux et d'agressif. On se racontait tout bas, à l'entour de moi, de belligérantes histoires, celle du jeune de Saint-Marcelin, entre autres, qui eut un si fatal dénoûment. Un homme, que je tenais pour un excentrique de première force, s'approcha du groupe où je prenais ma demi-tasse et voulut bien m'initier aux premières rencontres de Fayot. Cet homme, c'était Saint-Cricq, le fils de l'ancien ministre des douanes, Saint-Cricq le fou, comme on l'appelait, mais qui, certes, n'était pas si fou qu'il se complaisait à le paraître.

Fayot (Martial), me dit-il, est né à La Roche-sur-Yon, près Nantes. En 1815, on l'appelait déjà Fayot le *Petit-Chapeau*. Il y avait alors à Paris, dans la maison de Staub, le tailleur, une salle d'armes très-suivie. — Cet hôtel appartenait à M. Henri-Martin Puech. Fayot s'y rencontrait avec Dumesnil (de Caen) et Floquin (de Marseille), lequel fut depuis incorporé en Westphalie dans les mamelucks du roi Jérôme. MM. de Bondy, Donadieu, Charlemagne et Godart (ces deux derniers maîtres d'escrime, comme on sait) y venaient aussi. Un M. Michel de

Saint-Léon, excellent tireur protégé par M. de Bondy, et qui avait été conservateur des atours à la cour de Stuttgard, y faisait aussi parfois assaut avec M. Leuzes de l'Epinay, lequel a épousé une demoiselle Bertrand Geslin. Telle était la galerie admise à contempler Fayot, non dans l'exercice émouvant des armes (Fayot y voyait à peine et portait par besoin, bien plus que par genre, un lorgnon à l'œil), mais dans toute la verve de ses récits méridionaux, car Fayot avait de l'esprit.

III

Son duel avec Saint-Marcelin fit un bruit énorme dans le temps, mais aussi, disons-le, c'était le temps des duels; ces forfanterieslà ne sont plus de mode. L'extrême jeunesse de Saint-Marcelin plaidait pour lui ; le pistolet par malheur en eut raison. Ces escarmouches de balcon d'Opéra-Comique étaient à la mode au beau temps d'Elleviou et des pantalons collants mis en scène par M. Etienne ; M. de Fontanes, qui connaissait ce dernier, dut trouver à la fois cette querelle bien futile et bien sanglante... Ce fut un glas funèbre sur tous les plaisirs de Paris que le trépas inopiné de ce jeune Saint-Marcelin ; on ne manqua pas chez les universitaires de lui appliquer les vers charmants de Virgile :

> Purpureus veluti cum flos succisus aratro
> Languescit moriens, lasso ve paparera collo
> Demisere caput, pluviâ cum forte gravantur.

Le soir de la mort de M. de Saint-Marcelin, pour lequel, on le sait, M. de Fontanes laissait voir une affection de père, le grand maître de l'université donnait un bal à toute la diplomatie. Le bal fut contremandé, mais très-tard. On mit en prison l'adversaire de Saint-Marcelin ; bientôt il fut relâché.

Laissant de côté ce duel sinistre, il faut bien en revenir aux représailles drôlatiques de cette même époque, éminemment railleuse et comique, où les têtes se montaient vite, et où la province nous envoyait souvent des redresseurs de torts dignes des honneurs du vaudeville.

Un soir, c'était en été, Fayot, debout au perron de Tortoni, regardait du haut de son lorgnon les béotiens du boulevard prendre des glaces.

Un jeune homme, récemment venu du fond de la Normandie, prenait alors aussi le café sur les tables entourant le perron de Tortoni.

— Quel est ce monsieur au lorgnon ? —

demanda-t-il à son voisin d'un ton passablement goguenard.

— C'est M. Fayot, — lui répondit le voisin en question en baissant la voix, — et je ne vous conseille pas de vous y frotter.

— Pourquoi?

— Parce qu'il fait mouche à tout coup, et qu'il est sûr de tuer son homme.

— Laissez-moi faire, et regardez seulement, je vous promets qu'il ne me tuera pas !

Au même instant, le jeune Normand s'avança vers Fayot d'un air résolu. C'était un cavalier fort bien fait de sa personne. Il était de bonne famille, et seulement un peu *sur la hanche*, comme l'on disait alors. Au sortir de ses humanités, il s'était déjà battu une fois à Caen, et il avait blessé son adversaire.

— Monsieur, dit-il en saluant Fayot, lequel ne lui rendit pas même son salut, auriez-vous la bonté de me dire l'adresse de votre tailleur ?

— Et pourquoi ?

— C'est que je vous trouve bien mis.

Fayot prit son lorgnon et s'apprêtait à toiser le questionneur inconnu, quand il fut frappé de l'air décidé de sa physionomie ; il chercha machinalement son carnet et écrivit dessus au crayon l'adresse demandée.

Le jeune homme se rengorgea et prononça le mot :

— Merci.

Fayot croyait en être quitte, mais il avait compté sans son hôte.

— Voudriez-vous bien, monsieur Fayot, me donner aussi l'adresse de votre bottier ?

Ce disant, le jeune homme échangea un nouveau regard avec Fayot, mais un regard si fin, si acéré que force fut à Fayot de se courber devant le jeu magnétique de cette prunelle. Il se résigna donc, déchira une feuille nouvelle de son carnet, et il inscrivit l'adresse de son bottier...

Au moment de la passer au jeune homme, il crut voir dans le groupe voisin des yeux scrutateurs braqués sur lui. Un rire dédaigneux crispa sa lèvre, et, en remettant l'adresse à son interlocuteur, il eut soin de dire assez haut pour qu'on l'entendît :

— Maintenant, monsieur, il ne vous manque plus que la mienne, deux amis auront demain l'avantage de vous l'apporter, si vous voulez bien me donner la vôtre.

Le jeune homme ne se fit pas prier, Fayot se remit tranquillement à une table, et lut le journal du soir, après avoir mis la carte de son adversaire dans sa poche.

Le jeune homme regagna pensif son hôtel ; il avait un coup de champagne en tête, mais l'issue probable de cette rencontre commençait à le dégriser. Arrivé depuis trois jours à Paris, il n'y connaissait pas d'ami auquel il pût demander de lui servir de second, et cependant ceux de Fayot ne manqueraient pas de venir au point du jour.

Il s'endormit d'un mauvais sommeil, et froissant encore les deux cartes que lui avait données Fayot, — celles de son tailleur et de son bottier. A quoi lui serviraient à l'avenir ces adresses de négociants pacifiques ?

— Ironie du sort, pensa le jeune homme, c'est bien plutôt l'adresse d'un maître d'armes qu'il me faudrait.

A son réveil, il disposa de son mieux les trois chaises de son appartement, l'une destinée dans sa pensée à un médiateur inconnu — tombé du ciel, — les autres aux deux seconds de Fayot.

Dès neuf heures du matin, la sonnette tinta.

— Monsieur, dirent en entrant deux *sport-men* irréprochables de mise et de tenue, nous venons ici pour l'affaire de M. Fayot.

— Il suffit, messieurs, je suis à ses ordres.

— Vos seconds?

— Franchement, messieurs, je n'en ai pas.

— Vraiment?

— Débarqué de province depuis trois jours, je ne connais encore à Paris que mon correspondant, un banquier très-fort sur l'actif et le passif, mais peu au courant de l'escrime. Donnez-moi deux heures, j'aviserai.

— A votre aise. Nous reviendrons.

Ils sortirent en maugréant sur l'escalier.

— Me voilà gentil! se disait notre César, pas un second! que dis-je? pas même un premier.

— Autrefois, continuait-il en arpentant

sa chambre, autrefois, je n'en eusse pas chômé comme aujourd'hui. Au temps commode des Gondy, des Lauzun, des d'Artagnan, j'en eusse trouvé sur le pont Neuf, à côté de la Samaritaine. On les louait pour un jour, une heure, ni plus ni moins que des fiacres. Aujourd'hui à moins de choisir mon garçon d'hôtel...

Le garçon entrait dans la chambre à ce moment-là, il prit les habits du provincial, il en tomba deux cartes.

— Bon! dit notre jeune homme, les cartes du tailleur et du bottier de mon adversaire... pauvres gens, si j'allais leur tuer Fayot.

Il examina les cartes...

C'étaient celle du fameux Sakosky, bottier alors très en vogue, et celle de Berchut, l'illustrissime tailleur voisin du libraire Garnier... sous les galeries anciennement nommées *Galeries de Bois*.

Une idée rabelaisienne illumina le front de notre jeune homme. .

Si je prenais ces deux honorables industriels pour témoins...

Mais il se tordit bientôt d'un fou rire en songeant à se servir ainsi, pour sa première rencontre, des propres fournisseurs de son adversaire.

— *Alea jacta est*, dit-il en se relevant, écrivons-leur.

La *missive* cachetée, il l'envoya bien vite à ces deux *seconds* d'un nouveau genre.

Ils arrivèrent à l'heure dite.

Par une autre porte entraient les témoins de Fayot.

— Messieurs, dit le bottier, la première question à vider est celle de mes bottes.

Les deux seconds de Fayot le prirent pour un maître d'armes...

— Messieurs, insinua de son côté le tailleur, fin contre fin fait mauvaise doublure...

— C'est un avoué, pensèrent les témoins de Fayot.

— Milords et messieurs, reprit à son tour le jeune provincial, il s'agit de décliner ici vos qualités.

— Bien volontiers, répliqua le tailleur. M. Fayot a fait confectionner chez moi douze habits dont voici le compte...

— Et chez moi trente-cinq paires de bottes armées d'éperons dont voici la note...

— Assez! assez! s'écrièrent d'une commune voix les témoins de Fayot.

— C'est une mystification, reprirent les seconds du jeune homme. Nous nous retirons.

— Jamais! jamais! s'écria notre jeune homme, il me faut des témoins à tout prix... Vous, monsieur Sakoski, prenez-moi plutôt mesure d'une paire d'escarpins, et vous, monsieur Berchut! d'un alpaga! Je payerai séance tenante.

Le tumulte fut à son comble...

— Ma note.

— Ma note, répétaient les deux créanciers.

Ce duel tragi-comique finit par un accommodement curieux. Le jeune Canais se commanda des effets, et l'on signa un pacte d'alliance.

Il n'y a que les provinciaux pour ces triomphes-là !

IV

Diverses pérégrinations ont signalé la vie de Fayot; à Saint-Pétersbourg, où il se trouvait, l'empereur Nicolas le reçut fort bien, le bruit de son duel avec Saint-Marcelin était loin d'être amorti. Ce fut chez le peintre Laduner que l'empereur vit Fayot la première fois et qu'il lui parla comme à un des lions du moment.

Fayot vit, dit-on, à cette heure dans la retraite. Il est riche, il est heureux. Il s'est survécu à lui-même, ce qui est certes beaucoup, car, en ce siècle hâtif, dévorant, bien peu de réputations, quel que soit le genre, ont l'insigne bonheur de se voir s'éteindre. La faux de la Mort fauche si vite.

Supposez Fayot revenant à Paris en 1864, et auprès de lui un *cicerone* complaisant qui, venant au secours de sa cécité (1), lui explique la grande ville actuelle, les hommes et les choses, Fayot ne reconnaîtrait rien au Paris de cet an de grâce 1864. Il lui manquerait et l'ancien café de Paris

---

(1) On affirme qu'en traversant le Rhône à la nage par un froid des plus vifs, Fayot devint presque subitement aveugle.

et les salles d'armes particulières comme celles de lord Seymour. Il ne pourrait croire aux quarante théâtres en construction d'après la loi nouvelle, il ne pourrait ajouter foi aux succès des tables tournantes; il se demanderait si l'on n'a pas embaumé M. Cousin, et pourquoi M. de Saint-Cricq n'a laissé aucuns *Mémoires*.

Il ne comprendrait pas plus comment ni pourquoi les jeux publics sont fermés quand les journaux judiciaires parlent chaque jour des cercles borgnes où l'on tripote. Il demanderait naïvement à son propriétaire comment il ose introduire des huissiers chez lui quand il pourrait lui faire un procès pour la manière dont sa maison est remplie de filles entretenues. Du temps de Fayot enfin, il n'y avait pas de draps à la mécanique, le *Prophète* et la *Belle-Jardinière* n'existaient pas. Fayot rirait bien de ces paletots si peu solides, de ces talmas qui durent trois semaines, il irait s'empêtrer avec ses éperons dans la crinoline de ces dames, et recueillerait dix duels chez Markowski. La magnificence d'un directeur actuel de l'Opéra le ferait bien rire, cette magnificence consistant à manger des rillettes de Tours chez lui et à n'inviter à sa table aucun poëte.

Quand M. Véron faisait jeter sa vaisselle dans la Tamise, il était du moins l'Ango du grand Opéra !

En 1836, Fayot s'est retiré près d'Avignon.

Deux mots sur sa résidence.

C'est un ancien château ou plutôt une chartreuse avec tours, créneaux et fossés, l'endroit s'appelle Villeneuve-les-Avignon, et offre un site des plus pittoresques.

Le propriétaire de ce manoir a chez lui des autruches, des cerfs, des chamois, une foule d'animaux vivants qui bondissent au milieu d'un parc coupé de ruines et d'eaux vives. Ces ruines ont pour festons naturels des figuiers, des capriers tordant leurs bras noueux sous un ciel torride. — De cette demeure au château des papes à Avignon, il y avait, dit-on, un souterrain sur lequel il existe encore des légendes.

Arrivé à cet âge où l'on ne vit plus guère que par les souvenirs, Fayot s'est fait une amie de la solitude; il ne veut voir personne et vit comme un véritable ermite. Une dame lui fait la lecture, et cette providence vivante de sa cécité lui en allège le chagrin. Possesseur de plus de vingt mille livres de rente, il peut faire le bien, et il le fait; son plus grand bonheur est de donner.

En revanche, sont plus grand regret est de ne plus voir les oiseaux de sa volière.

— Je ne les vois plus, disait-il récemment

encore à un ami, mais je les reconnais à leur chant!...

Heureux de s'éteindre ainsi dans une douce quiétude, Fayot est loin de regretter Paris, sa ville de prédilection, Paris, le théâtre où il a longtemps joué son rôle...

Gérard de Nerval l'halluciné me disait un soir :

— Vers une heure et demie du matin, j'ai souvent rencontré deux silhouettes de commissionnaires dans l'attente, au coin du café Tortoni. Le premier de ces hommes était un cocher qui, soigneusement enveloppé sur son siége, disait :

— J'attends M. de Saint-Cricq; il est là, il soupe au café Anglais! Il en est à sa troisième salade!

L'autre, une cravache à la main, avait l'air de flatter l'encolure de quelque coursier invisible.

— J'attends M. Fayot! murmurait-il, il va au tir de Gossec...

Ces deux ombres résumaient toute une société morte.

IX

DESMOULINS

Desmoulins était, dit-on, d'une laideur repoussante ; il était loin de rappeler Antinoüs.

Officier, il tint quelque temps quartier à Bayeux, il avait fait des armes chez Laboissière avec Saint-Georges.

De tout temps les Normands ont eu la tête chaude, Desmoulins débuta par le trait suivant avec un militaire qui lui déplaisait.

Il entre dans un café, à Caen ; sur le

cours; c'était au plus beau moment de la promenade; il faisait un froid très-vif.

Plusieurs officiers jouaient aux cartes. Desmoulins, qui n'était pas encore au service, demande à entrer dans leur jeu. L'un d'eux lui répond insolemment qu'il est trop laid et qu'il aille d'abord se regarder à la glace du comptoir.

Notre héros, blessé à fond, ne dit mot; il se dirige lentement vers le poêle de faïence formant le milieu du café; celui-ci brûlait médiocrement.

— Du bois, garçon! du bois! s'écrie Desmoulins, ne voyez-vous pas que ces messieurs gèlent?

Et comme, à son gré, le garçon ne se démenait pas assez vite:

— Laissez-moi activer le combustible, dit Desmoulins; regardez!

En même temps il mettait dans le poêle

le tricorne de l'officier qui l'avait si impertinemment éconduit.

L'autre, tout entier à son jeu, ne s'en aperçut qu'à une odeur très-forte de brûlé. En même temps il reconnut son tricorne sous les pieds de Desmoulins en guise de chancelière...

Une rencontre s'ensuivit, et Desmoulins blessa son adversaire grièvement.

Plus tard, il assistait au duel de la Pommeraye et de la Houssaye sur ce même cours de Caen.

Alexis Dumesnil, né en cette ville en 1783, écrivain et duelliste, n'était guère moins célèbre que Desmoulins pour ses rencontres. Il eut un duel aux *fléaux*, des plus curieux; c'était à coup sûr une arme nouvelle; mais Perrin, de Brichambeau, dit le beau Perrin, s'était bien battu à la lardoire.

Pour en revenir à Desmoulins, il lui avait

été prescrit, par ordre supérieur émané de la cour, de se nommer *trois fois* avant d'avoir une affaire. Son adresse nécessitait cette mesure.

Il descend un soir au *Cygne-Blanc*, à Valognes, harassé de fatigue, trempé de pluie et mourant de faim.

Une oie magnifique tournait dans la cheminée..

— Comme ça se trouve! pensa-t-il, mais elle est retenue, j'en ai bien peur!

Il s'enquiert de l'oie près de l'hôtelier, il apprend que ce sont trois officiers à figure aussi famélique que la sienne qui l'attendent au premier étage.

— Demandez à ces messieurs s'ils veulent bien me mettre de moitié dans leur écot. Je porte l'épée comme eux et entre amis on se doit secours au besoin.

L'hôtelier revint l'oreille basse dire à Desmoulins que son offre n'avait pas été acceptée.

— Nous allons bien voir, dit Desmoulins.

Il s'empare de l'oie qu'il pique avec son épée, puis, la portant victorieusement devant lui, il se montre avec ce trophée aux trois enfants de Mars qui reculent étonnés.

— Qui êtes-vous?

— Je suis Desmoulins!

Desmoulins!

Desmoulins!

— Assez! reprit l'un deux; je connais l'ordre du roi à votre égard. Vous allez tâter de l'oie avec nous et sans effusion de sang. A table!

Desmoulins ravi, ne se le fit pas dire deux fois; on mit l'oie aux marrons à défaut de truffes, le cidre fut remplacé par le pomard.

— Si je dois me nommer trois fois par ordre de Sa Majesté, dit Desmoulins, c'est qu'elle avait deviné que je porterais un jour la santé de trois braves comme vous!

On jasa pas mal, on but de même; il y eut quelques pots cassés par la fenêtre sur les passants. Le guet voulut intervenir; il monta pour mettre l'accord.

— Je suis Desmoulins!

Desmoulins!

Desmoulins!

disait notre César au capitaine de la petite troupe.

— Desmoulins! connais pas, répondit celui-ci; allons, et vite en prison!

— Vous êtes une oie, mon cher, reprit Desmoulins; mais je vous oublie à la condition que vous me laisserez de nouveau dire quelques mots à celle-ci. Goûtez-en!

On grisa le capitaine du guet de la bonne façon.

En rentrant chez lui, il trouva son portier lent à lui ouvrir; il est vrai qu'il lui criait à tue tête :

        Desmoulins!
        Desmoulins!
        Desmoulins!

X

CHOQUART

ET LE DUEL AUX VIOLETTES

I

Dans mon duel avec la destinée, dans la bataille de la vie, j'ai souvent suivi avec intérêt les épisodes des duellistes.

Il y a peu à dire sur Choquart après ce qu'on en a dit; une fois mort, on l'a trop abaissé; on a répandu à dessein sur lui mille contes apocryphes. L'histoire du bourgeois herculéen s'amusant à verser l'eau de sa pompe sur le crâne nu de Choquart, qu'il tient en respect dans sa cour, est assurément peu vraisemblable. Celui qui l'eût contée à Choquart lui-même l'eût grandement étonné.

Choquart était brave, et de plus garçon d'esprit, seulement il était laid et se croyait beau, quoiqu'en son jeune âge on ne l'eût pas assuré contre la grêle. Un chapeau de travers, un certain dandinement de hanches, une cravache pareille à celle d'un écuyer de Franconi, des crocs de moustache en chat, des yeux d'un bleu de faïence et le nez d'un perroquet, voilà Choquart.

Je le connaissais depuis l'époque où M. Langlois dirigeait les Nouveautés, place de la Bourse, sur l'emplacement du Vaudeville actuel; j'étais alors fort jeune, et j'entrais déjà dans les coulisses sous la protection de Romieu, d'Alphonse Royer et d'Etienne Becquet.

Quand il me fut donné de voir Choquart,

il me parut radieux. Il venait de lancer, avec Théaulon, *M. Jovial, ou l'Huissier chansonnier*, et cette pièce, admirablement jouée par Philippe, avait fait de Choquart un demi-dieu.

On était en droit d'espérer beaucoup de cette gaieté de bon aloi. Il était, en outre, très-bien entouré, garde-du-corps et protégé de Dartois, ce charmant esprit toujours si jeune.

Enfin, et chose à ne pas laisser tomber à terre, Virginie Déjazet l'avait regardé !

Déjazet, — j'entends celle des Nouveautés, n'avait rien alors de celle du Palais-Royal et des Variétés; c'était une toute autre comédienne, qui ne connaissait pas même encore les rôles *travestis*.

Pourtant elle avait déjà joué au Gymnase, mais dans des rôles au-dessous de son talent; elle y faisait les grisettes.

Elle eut un rôle d'écuyer dans *Henri V et ses compagnons*, pièce de Romieu et Alphonse Royer, dans lequel elle plut beaucoup ; mais Choquart n'en voulait pas convenir : il n'admettait que ses pièces comme devant pousser Déjazet.

Son adoration pour Virginie était si comique et la plupart du temps si bruyante, qu'il fallut bien à tout prix que l'actrice s'en aperçût. A tout propos il lui décochait des vers à défaut de bouquets, système plus économique. La toquade de Choquart était cependant de paraître allié de près à la *jeunesse dorée*, comme on la nommait alors. Il fut anéanti en voyant un jour Virginie, qui avait fini par surprendre son adresse, entrer chez lui, rue du Chantre.

Rue du Chantre ! ce trait comptera parmi les plus beaux traits de Frétillon !

La chambre d'Adolphe Choquart se composait d'une commode en noyer, d'un lit enfoncé dans une alcôve, dans le fond de ce lit il y avait deux épées de combat en sautoir. Sur la cheminée, deux paires de bottes à l'écuyère. Mais lorsque Choquart revêtait son uniforme de garde-du-corps, il était vraiment transfiguré.

La chanson narquoise de d'Artagnan, la souplesse d'Aramis, le poing de Porthos, quelque chose de Parny et de Bonnard mêlés ensemble, tel était l'aspect de l'homme. Par instants, vous eussiez cru voir un don Quichotte décharné; mais la verve railleuse et joviale de Fanfan la Tulipe jetait ses paillettes sur Choquart; il s'animait alors, et il racontait à sa manière; alors il était vraiment beau.

Un soir qu'il tenait ainsi son auditoire attentif dans je ne sais plus quel café, un monsieur, assis à une table voisine, faisait à tout ce que disait Choquart des gestes de dénégation.

Choquart vit ce manége dans une glace.

— M'sieu ! m'sieu ! s'écria-t-il furieux, cessez votre jeu, ou je vous fais entrer à l'instant dans cette carafe !

Mais l'autre :

— Vous n'y pensez pas, monsieur ; elle est vide... Je m'y ennuierais.

Les rieurs furent pour le monsieur.

II

Choquart fréquentait donc surtout les coulisses des Nouveautés avant de s'implanter dans celles du Vaudeville. Il y fut témoin d'un bel et bon soufflet que M. Mazères donna au régisseur, dont il avait à se plaindre.

— Diable de Mazères! ses pièces sont cependant assez claquées par le public, disait Choquart; il pourrait se dispenser de les claquer lui-même sur la joue des autres.

Il abhorrait Ancelot, sans s'expliquer à lui-même le motif de cette aversion.

Ancelot donnait un soir une pièce, et il regardait par le trou du rideau, qui était baissé.

— Peu de monde, peu de monde, affectait de dire Choquart, qui s'était placé résolûment à l'autre trou de la toile.

— Ce n'est pas étonnant, dit Ancelot à quelques amis qui survenaient : le temps est beau, mon public est à la campagne...

Ancelot se vantait d'avoir à ses ordres le noble faubourg.

— Parbleu! m'sieu, fit Choquart en s'avançant, votre public doit bien se porter, car il est toujours à la campagne!

Il eut querelle avec Arnal au sujet d'une pièce de Duvert qui venait couper la sienne appelée *Madame Barbe-Bleue*. Il en arriva avec Arnal, lequel allait jouer la pièce de Duvert, à un dialogue si injurieux que celui-ci, blessé à juste titre d'une épithète de Choquart, prit avec les pincettes une bûche au feu pour se garer des coups que cherchait déjà à lui porter l'irascible auteur. Or, Choquart n'avait qu'une petite badine de corne de cerf qu'un enfant eût brisée, il n'en faisait pas moins avec elle le moulinet.

— En garde, m'sieu Arnal, cria-t-il au comédien ; parez-moi cette botte, si vous pouvez !

Et il fonçait sur la bûche d'Arnal, impassible comme un granit. Le régisseur vint mettre fin à ce duel incendiaire. L'affaire se passait en plein foyer, et au même emplacement que le Vaudeville occupe aujourd'hui.

Dans les premières semaines qui suivirent la révolution de 1830, il ne manquait pas de gens prétendant, comme la mouche du coche, avoir tout fait, de ces gens qui, pendant la bagarre, comme a dit Barbier dans ses Iambes, s'étaient pourtant tenus prudemment chez eux tremblant pour leur peau.

> Pâles, suant la peur, et la main aux oreilles,
> Accroupis derrière un rideau.

Il en venait quelques-uns au restaurant Parly, célèbre par la beauté de madame Parly, sa propriétaire.

Un jour que Choquart y déjeunait de son plat favori, une omelette au jambon, quatre à cinq hommes de mise assez commune et porteurs d'une énorme cocarde tricolore sur leur chapeau vinrent s'attabler non loin du comptoir. Choquart pouvait entendre parfaitement ce qu'ils disaient.

— Oui, répétait l'un d'eux avec un sourire de satisfaction, j'ai eu le bonheur d'en descendre trois avec mon fusil...

Choquart fit un mouvement.

— Le premier était un Suisse, le second était piqueur de la duchesse de Berry, le troisième...

Mais tout à coup Choquart, se levant et d'une voix de tonnerre :

— M'sieu, m'sieu, si vous tuez le troisième, je vous jette par la fenêtre !

Les garçons accoururent ; Choquart s'était rapproché du groupe en question, n'ayant pour toute arme que sa fourchette.

Quelques habitués montèrent et prirent le parti de Choquart, lequel, exaspéré au dernier point, ne cessait de répéter :

— S'il eût touché au troisième, il était mort !

Il avait, en revanche, des formules curieuses de provocation. Quand il en voulait à un quidam, il le guettait au café Tortoni, sur le perron, et, le voyant enseveli dans la lecture d'un journal.

— Après vous *la Quotidienne,* lui disait-il.

— Je lis *les Débats.*

— J'en ai donc menti ?

Et souvent là-dessus une querelle. Il portait en ce temps-là un manteau brun des plus éraillés, auquel un collet de velours jadis vert donnait une vague ressemblance avec celui d'un dentiste en plein vent. On considérait cette ruine humaine avec étonnement et compassion ; mais lui, vous regardant soudain de travers :

— Il me semble que vous avez ri de mon manteau !

Quand il travaillait avec Théaulon, il était tout le temps à la fenêtre, se penchant et regardant dans la rue.

— Que regardes-tu? lui demandait Théaulon.

— Tes huissiers. Le portier m'a remis deux commandements.

— Laisse donc, il fait trop beau pour qu'ils me relancent aujourd'hui. Et puis, il y en a un qui me demande un quart dans notre prochaine pièce.

— Victoire! criait Choquart; voilà le père Gentil avec une oie sous le bras; il vient dîner.

Le père Gentil, vieil habitué bien connu de tous les foyers, mais surtout de celui des Variétés, était le plus amusant grelot d'esprit qu'un théâtre pût mettre à son bonnet; il savait des contes à en revendre, courait, furetait et faisait les affaires de ces demoiselles pour bien peu.

Il conciliait tous leurs différends avec la direction.

— Gentil, disait Choquart, eût dû naître juge de paix.

Gentil déjeunait un jour au café des Variétés avec Choquart; un monsieur se chauffait près d'eux au poêle. Visage laid et grelé comme Choquart.

— Voilà un homme dont la figure me déplaît, grommela Choquart...

— Es-tu fou? Vois plutôt, il a son parapluie entre les jambes, tournure d'expéditionnaire inoffensif, un vrai Prudhomme...

— Voilà comme tu es, toi; tu vois des bourgeois partout. Celui-ci a le regard louche, et il lit *le Siècle*. Tu vas voir.

— Que vas-tu faire?

— Une chose bien simple, lui dire que sa figure me déplaît?

— Mais tu le lui diras après déjeuner.

— Du tout; ça va me mettre en appétit.

Gentil voulait objecter, mais le moyen de

retenir Choquart! Il s'avance vers le bourgeois au milieu d'un silence glacial qui se fait bientôt aux tables environnantes : Choquart donnait souvent de pareilles comédies. Il est près de l'homme, il touche son coude.

— Que me voulez-vous, monsieur? demande le bourgeois à Choquart.

— Vous dire, parbleu! que votre figure me déplaît.

— Depuis quand ?

—Mais... depuis un quart d'heure, répond Choquart un peu décontenancé; il y a un quart d'heure que vous êtes ici.

— Soit. Mais je dois vous déclarer que vous êtes en retard. — Ma figure vous déplaît depuis un quart d'heure, et à moi depuis cinquante ans!... Jugez!

Choquart en fut pour ses frais; il eut, de plus, à subir les épigrammes de Gentil et les applaudissements de la galerie.

— Tas de canailles! murmurait Choquart, on voit bien qu'il ne vient plus ici que des auteurs! Tout s'en va en France, mon cher Gentil! Dans mon beau temps je me serais déjà battu deux fois avant d'avaler cet œuf à la coque.

III

J'ai dit que Choquart rimait parfois.

Il y avait des jours où il avait la fureur de réciter ses vers au premier venu; cela n'était pas du goût de tout le monde. Être auditeur de Choquart, c'était devenir son homme-lige, sa chose; vous n'aviez plus le droit d'éternuer ou de vous moucher, vous apparteniez de droit à ce déclamateur hydrophobe. Si vous aviez l'air de vous ennuyer, Choquart vous regardait d'un mauvais œil; il était en cela comme Signol, qui trouvait bien tout ce qu'il faisait. Dès qu'il s'était assuré d'une victime, Choquart emboitait son pas, il se faisait payer des gâteaux chez Félix, et, sur le comptoir même, récitait à son candide admirateur sa ballade du *Pélerin* ou le *Trompette de Marengo*.

Le succès de *Jovial* avait mis les huissiers en belle humeur, ils y venaient tous; ils offrirent un soir à souper au directeur et aux auteurs. Choquart fut très-gai ; il n'avait jamais pu parvenir à être saisi, n'ayant jamais eu de meubles. C'était une émotion qui lui manquait. — Gardes-du-corps et gardes du commerce marchent souvent ensemble, disait-il pourtant, mais je n'ai pas de chance! Une feuille de papier timbré vaut sept sous; — que j'y mette ma signature, elle ne vaut plus rien !

Quand Bouffé prit en main la direction, il

donna chez Gosselin-Véron un souper à ces princes de la saisie ; ce fut à coup sûr un festin curieux ; Choquart en était, privilége fort rare. Les assignations avaient été lancées par l'illustre Jacques Fumet, aussi chacun s'était bien gardé d'y manquer. Les plus piquantes actrices de la place de la Bourse y faisaient assaut de luxe et de toilettes; il s'agissait pour elles de se ménager des protections dans cette classe terrible de la société, connue sous le nom d'*Anglais*. Après le souper l'on dansa, et on ne se sépara que sur les cinq heures du matin, c'était en été. Ces dames logeaient presque toutes aux abords du Vaudeville. Messieurs de la saisie leur offraient le bras, puis bientôt retournaient à leur domicile. On n'entendait plus que des phrases comme celles-ci :

— Diable ! j'ai une saisie aux Batignolles ce matin !

— Moi ! un référé au Palais !

— Moi un recollement ! etc., etc.

Eugène Briffault les avait tous émerveillés en buvant son champagne dans une cloche à fromage ; il fallait avaler le tout d'une lampée. Briffault seul pouvait accomplir cette tâche bachique ; mais ce qu'il y a de plus étonnant, c'est que, par prudence, il piquait sa carte de visite à sa manche, descendait en fiacre et se faisait reconduire chez lui. Le portier recevait ce colis vivant et en donnait parfois au cocher le reçu suivant pour nous autres qui venions de le hisser en voiture :

Reçu M. Briffault en bon état.

Hélas ! en quel état le malheureux Choquart revint-il lui-même ; qui dira jamais les mystères de cette tragédie nocturne ? Il avait reçu quelque argent un matin, et le soir, chez un distillateur de La Villette, il avait eu l'imprudence de le montrer à des capitalistes du ruisseau qui trinquaient avec lui sur le comptoir. Un prétexte de querelle fut bientôt trouvé par un de ces misérables, et Choquart cerné, assailli à trois pas de cette maison borgne, tombait bientôt sous les coups redoublés de ces lâches. Quand on le releva, il pût à peine indiquer son adresse aux sergents de ville.

Courbé, souffreteux, infirme, il n'était pas rare depuis ce temps de le voir se promener dans une toilette sans nom : il portait une casquette grise comme celle de Brunet dans les Jocrisse, des gants gris fourés et une jaquette dépassant à peine les hanches. Qui eût reconnu dans cette silhouette fantasque l'ancien beau, le garde-du-corps? L'absinthe, cette morne conseillère du désespoir, vint bientôt le trouver, et dès lors il fut perdu. Sa parole s'empâta, ses jambes flageolèrent, il ne marchait plus qu'en se raccrochant aux tables du café du Cirque. A la fin, il s'alita rue des Cascades, à Belleville.

Ayant appris son état de dénûment, la commission dramatique envoya son agent, M. Peragallo, dont l'inépuisable bonté pour les gens de lettres est connue, chercher Choquart en voiture pour le conduire à l'hospice Lariboisière.

Pendant le trajet, Choquart ne soufflait mot; en arrivant à l'avenue de l'hospice, il demanda un verre d'eau à son guide et pencha la tête un peu en arrière.

Quand son désir fut satisfait, il rendit le verre en disant merci !

La seconde d'après, il était mort !

Il aima mieux mourir en route que d'entrer à l'hospice... Quand on le présenta à la grille, on lui ferma la porte sous prétexte qu'il n'y avait plus rien à faire pour lui. Son propriétaire qui l'avait logé vivant pour rien (il n'avait jamais osé lui présenter sa quittance de loyer) fut obligé de payer son enterrement. « Ce diable d'homme, disait-il, j'hérite de son épée, mais sa vie et sa mort me coûtent bien cher. »

Son voisin, voulait le faire convenir avant d'expirer que l'absinthe était un poison. Choquart le provoqua, se dressa sur son lit et faillit lui couper la gorge.

Choquart était loin d'être un buveur de sang, il s'indignait au contraire chaque fois que l'on vantait devant lui un acte de sauvagerie.

— Ces gens-là déshonorent l'épée, disait-il, ils en tuent d'autres qui ne savent pas même parer un contre de quarte ; ce sont des bouchers de chair humaine ! Je voudrais bien rencontrer un de ces spadassins de profession, je le forcerais à cirer mes bottes!

A ce propos, il aimait à raconter l'histoire suivante, nous la tenons Philibert Audebrand.

C'était en 1810, dans ces jours d'enthousiasme royaliste, et par conséquent de compression napoléonienne.

Un jeune homme passait sur les quais, du côté du Louvre, avec un bouquet de violettes à la main.

Vous savez peut-être qu'il y avait alors une chanson populaire qui désignait Napoléon sous le nom de *Père la Violette*.

En tout cas, la fleur de l'Attique était tenue pour séditieuse, mademoiselle Mars avait été forcée d'en arracher une guirlande qu'elle avait fait coudre à sa robe dans une pièce nouvelle. — Tous les petits bouquets d'un sou étaient proscrits.

Au moment où le jeune homme passait le pont des Arts, un officier de la garde le regarda en face avec affectation, et de son gant il fit ce geste terrible qui consiste à frapper quelqu'un au visage.

— Monsieur, dit le passant, j'ignore pourquoi vous m'insultez, mais c'est assez, c'est beaucoup trop. Nous allons nous battre.

— Battons-nous sur-le-champ, c'est ce que je demande, reprit l'officier.

On alla chercher des armes et des témoins, ce qui prit un certain temps.

La rencontre eut lieu à Saint-Mandé.

Après quelques passes, le jeune homme, quoique bon tireur, était percé de part en part d'un grand coup d'épée.

Avant de tomber, en pâlissant, il murmura, s'adressant à son adversaire :

— Ah ! monsieur, que vous allez avoir de regrets de ce que vous avez fait ! C'était ce soir la fête de ma mère, et je lui portais ces violettes !

On eut toutes les peines du monde à empêcher l'officier de la garde de se tuer à côté de celui qui venait de tomber.

XI

LA ROSATI ET LA FERRARIS

Souvenir de *Marco Spada*.

TRIOLET

Dans le royaume des houris
Chaque soir on voit deux bretteuses
Se battre devant tout Paris,
Mais la quelle obtiendra le prix ?
De leur tournoi je suis épris,
Ce sont deux nymphes belliqueuses !...
Dans le royaume des houris
Chaque soir on voit deux bretteuses.

La danse de la Ferraris
Satisfait les plus rigoureuses,
On devait danser à Cypris
Ainsi, quand on l'avait appris.
Donc, en garde mes amoureuses !
Dans le royaume des houris
Chaque soir on voit deux bretteuses.

La Rosati plait aux maris
Par ses allures chatouilleuses,
Sans fard et sans poudre de riz
Avec sa grâce et son souris
Elle eut ému le fier Pâris.
Ses hanches ne sont pas trompeuses...
Dans le royaume des houris
Chaque soir on voit deux bretteuses.

L'une mime, et chacun est pris !
L'autre aux formes capricieuses
Étonne les jeunes péris
Et les vieillards en cheveux gris

Qui se souviennent de Vestris
Le roi des ces planches pompeuses.
Dans le royaume des houris
Chaque soir on voit deux bretteuses.

Grisier, le grand maître a compris
Qu'entre ces deux fortes tireuses
La Rosati, la Ferraris
L'Opéra créant des paris
Établit un assaut sans prix,
Croiser le fer les rend heureuses !
Dans le royaume des houris
Allons voir le duel aux danseuses !

FIN

TABLE

I.	Richelieu.	3
II.	Saint-Foix.	31
III.	Laclos.	54
IV.	Madame de Nesle et madame de Polignac	73
V.	Fleury.	97
VI.	Martainville.	145
VII.	Chodruc Duclos.	167
VIII.	Fayot.	211
IX.	Desmoulins.	239
X.	Choquart.	247
XI.	La Ferraris et la Rosati (triolet)	271

Coulommiers. — Typographie de A. MOUSSIN.

LIBRAIRIE DE MICHEL LÉVY FRÈRES

OUVRAGES PARUS FORMAT GRAND IN-18,
à 3 francs le volume.

LES CHASSES EN FRANCE ET EN ANGLETERRE
Par Paul Caillard. . . . . 1 vol.
BLANCHE ET MARGUERITE
Par Arsène Houssaye. . . . . 1 vol.
QUELQUES PAGES D'HISTOIRE CONTEMPORAINE
2e série. Par Prevost-Paradol. . . . . 1 vol.
LES BONSHOMMES DE CIRE
Par l'Auteur des *Salons de Vienne et de Berlin*. 1 vol.
LA PIÉTÉ AU XIXe SIÈCLE
Par Jules Levallois. . . . . 1 vol.
LES LOIS ET LES MŒURS ÉLECTORALES
EN FRANCE ET EN ANGLETERRE
Par A. Lefèvre-Pontalis. . . . . 1 vol.
LE PRINCE VITALE
Par Victor Cherbuliez. . . . . 1 vol.
LA COMTESSE DIANE
Par Mario Uchard. . . . . 1 vol.
CALLIRHOÉ
Par Maurice Sand. . . . . 1 vol.
LE CHEVALIER DES TOUCHES
Par Barbey d'Aurevilly. . . . . 1 vol.
LES MYSTÈRES D'UN CHATEAU
Par Méry. . . . . 1 vol.
EUREKA
Par Edgar Poe, traduct. de Charles Baudelaire. . 1 vol.
UN PRETRE EN FAMILLE
Par Edmond Thiaudière. . . . . 1 vol.
LETTRES DU MARÉCHAL DE SAINT-ARNAUD
Précédées d'une notice par M. Sainte-Beuve. 3e édit. 2 vol.
LES TRISTESSES HUMAINES
Par l'auteur des Horizons prochains. 3e édition. . . . 1 vol.
LES DEMOISELLES TOURANGEAU
Par Champfleury. . . . . 1 vol.
SALAMMBO
Par Gustave Flaubert. 5e édition. . . . . 1 vol.
TROIS GÉNÉRATIONS. 1789, 1814, 1848
Par M. Guizot. — 3e édition. . . . . 1 vol.
LETTRES INÉDITES DE J. C. L. DE SISMONDI
Suivies de lettres de Bonstetten, de Mme Staël et de Souza, avec
une introduction par M. Saint-René Taillandier. . 1 vol.
MADEMOISELLE LA QUINTINIE
Par George Sand. 3e édition . . . . 1 vol.
NOUVEAUX LUNDIS
Par C.-A. Sainte-Beuve, de l'Académie française. . . 2 vol.

IMPRIMERIE L. TOINON ET Cie, A SAINT-GERMAIN.

www.ingramcontent.com/pod-product-compliance
Lightning Source LLC
Chambersburg PA
CBHW050640170426
43200CB00008B/1099